Bernhard Aebert

Über individuelle und soziale Erziehung nach Schleiermacher

Bernhard Aebert

Über individuelle und soziale Erziehung nach Schleiermacher

ISBN/EAN: 9783743438323

Hergestellt in Europa, USA, Kanada, Australien, Japan

Cover: Foto ©Suzi / pixelio.de

Manufactured and distributed by brebook publishing software
(www.brebook.com)

Bernhard Aebert

Über individuelle und soziale Erziehung nach Schleiermacher

Ueber individuelle
und sociale Erziehung nach Schleiermacher.

Inaugural-Dissertation

zur

Erlangung der Doktorwürde

der

hohen philosophischen Facultät

der

Friedrich-Alexanders-Universität Erlangen

vorgelegt

von

Bernhard Aebert

Predigtamts-Candidat aus Hannover.

Tag der mündlichen Prüfung: 29. Januar 1897.

. . . . . .

Breslau.
Buchdruckerei von Erich Peterson.
1898.

Seinen lieben Eltern

in

herzlicher Dankbarkeit

gewidmet

vom Verfasser.

Inhaltsangabe.

A. Einleitung:
I. Principielle Erörterungen über Individualismus und Socialismus nebst ihren Ansprüchen an die Erziehung. S. 1—7.
II. Ueberblick über die Geschichte der individuellen und socialen Erziehung. S. 7—11.

B. Abhandlung:
I. Die grossen Gesichtspunkte für die individuelle Erziehung. S. 11—24.
   1) Einleitende Vorbemerkungen über die Bedeutung und Gestalt der Erziehungslehre Schleiermachers. S. 11—13.
   2) Wesen und Aufgabe der Erziehung nach Schl. S. 13.
   3) Verhältnis der Pädagogik zur Psychologie. S. 14.
   4) Ableitung der Quellen der Eigentümlichkeit. S. 15—21.
   5) Pflichten der Erziehung der Individualität gegenüber. S. 21—24.

II. Die grossen Gesichtspunkte für die sociale Seite der Erziehung. S. 25—41.
   1) Verhältnis der Pädagogik zur Ethik. S. 25—28.
   2) Anforderungen der grossen sittlichen Lebensgebiete an die Erziehung. S. 28.
      a. Ansprüche des Staates. S. 28—31.
      b.   „   der Kirche. S. 31—33.
      c.   „   des freien geselligen Verkehrs. S. 33—35.
      d.   „   der Wissenschaft. S. 35—36.
   3) Grundsätze der socialen Erziehung. S. 36—37.
   4) Verhältnis der Pädagogik zur Politik. S. 37—40.
   5) Aufopferung des Moments. S. 40.
   6) Ziel der Erziehung. S. 41.

III. Individuelle und sociale Erziehung im einzelnen. S. 41—75.
   1) Die 1. propädeutische Periode. S. 41—47.
   2) Die 2. elementarische Periode. S. 47—63.
      a. Volksschule. S. 50—55.
      b. Bürgerschule. S. 55—60.
      c. Gymnasium. S. 60—63.
   3) Die 3. technische Periode. S. 63—75.
      a. Weiterbildung der nichtacademischen Jugend. S. 63—65.
      b. Weiterbildung der Jugend auf der Hochschule. S. 65—71.
      c. Ueber Gemeingeist. S. 71—75.

IV. Kritische Beurteilung der Gedanken Schleiermachers. S. 75—93.
   1) Seine Darstellungsweise und sein scholastisches, dialectisches Verfahren. S. 75—76.
   2) Die psychologischen Voraussetzungen. S. 76—78.
   3) Begriff der Individualität. S. 78—82.
   4) Die universellen oder socialen Gesichtspunkte. S. 82—87.
   5) Zusammenhang dieser Gedanken mit Schleiermachers philosophischem System. S. 88—89.
   6) Kritik der Vorschläge für die individuelle und sociale Erziehung. S. 89—93.

C. Schluss:

Wert und Bedeutung der schleiermacherschen Gedanken für die sociale und die individuelle Seite der Erziehung und des Lebens. S. 93—96.

Principielle Erörterungen über Individualismus und Socialismus nebst ihren Ansprüchen an die Erziehung.

Der Gegensatz zwischen individueller und socialer Erziehung ist in der Pädagogik von alters her der Kardinalpunkt gewesen, um den sich die Fragen der Erziehung bewegt, die Basis, auf der sich pädagogische Systeme aufgebaut haben. Dieser Gegensatz ist nur eine Seite des grossen Kampfes, den die beiden Anschauungen -- man möchte sie fast Weltanschauungen nennen -- der Individualismus und der Socialismus mit einander um die Herrschaft in Staat, Kirche und Schule geführt haben und noch führen.

Wir sind gewohnt drei Arten des Individualismus zu unterscheiden, den metaphysischen, ethischen und aesthetischen. Unter metaphysischem Individualismus verstehen wir die Ansicht, dass dem Einzelwesen nicht nur scheinbare, sondern wahrhafte Realität zukomme, dass das Individuum nicht ein Teil der Gesamtheit, sondern selbst eine Welt im Kleinen, ein Mikrokosmos, ein Spiegel des Absoluten, ein Compendium der Welt sei, in dem wie in einem Extract der ganze Inhalt des Makrokosmos, des Universum zusammengefasst ist. Dadurch erhält das Individuum, welches alle Kräfte der Menschheit in eigentümlicher Art und Mischung bindet, eine Selbständigkeit und innere Ueberlegenheit der gesellschaftlichen Umgebung gegenüber. Dieser metaphysische Individualismus geht in seinen Wurzeln bis auf Democrit, Aristoteles und die Stoiker zurück. vor allem waren Plotin und seine Anhänger die energischen Verfechter des Gedankens, dass jeder Mensch seine eigene Welt bilde und das ganze All eigentümlich in sich spiegele. Weiter ist er verfochten von Alkendi, Cusanus, Paracelsus, Bruno, Weigel und Böhme. Ihren Höhepunkt erreichte diese Ansicht in der Monadenlehre des Leibniz: das Individuum als völliger Selbstzweck kann und darf dem Ganzen der Gesellschaft entgegentreten, es hat ja einen Rückhalt in dem unmittelbaren Verhältnis zum grossen All, zu den ewig sprudelnden, schaffenden Quellen des Lebens; durch eindringende Geistesarbeit nimmt das Individuum an der Wahrheit der Dinge teil, wächst damit weit über alles gesellschaftliche Leben hinaus, hat nun aber das Recht, die Welt nach dem Masse der gewonnenen Einsicht umzugestalten.

Der Individualismus in ethischer Beziehung ist die Ansicht, dass dasjenige, wodurch sich die menschlichen Individuen von einander unterscheiden, auch für die Sittlichkeit von hoher Bedeutung sei, er fordert Wahrung der menschlichen Eigentümlichkeit und der persönlichen Unabhängigkeit, ja der schrankenlosen Freiheit der Einzelnen, sich zu entwickeln und auszuleben ohne Rücksicht auf das Interesse der Mitmenschen und der Gesamtheit. Der Einzelne ist der höchste und letzte Endzweck der sittlichen Entwickelung und verlangt in seiner unbedingten Berechtigung von der Gemeinschaft anerkannt zu werden. Der Staat ist für den Einzelnen und nicht umgekehrt der Einzelne für den Staat da. Dieser Individualismus hat sein Gepräge in der Philosophie der Aufklärung erhalten; das in seinem Innenleben schwelgende Individuum, die sich selbst genügende Monade ist die characteristische Erscheinung jener Zeit, vor allem vertritt ihn Herder in den „Ideen zur Philosophie der Geschichte der Menschheit", F. H. Jakobi bemühte sich, ihn in die Ethik einzuführen, indem er verlangte: die Sittlichkeit solle sich in jedem Menschen eigentümlich gestalten. Fichte bildete diesen Individualitätsgedanken weiter aus im „System der Sittenlehre nach den Principien der Wissenschaftslehre" und reinigte ihn. Das eine unendliche Ich d. i. das allgemeine Leben oder die Gottheit (wie Fichte in seinen späteren Schriften sagt) spaltet sich in viele empirische Ichs oder Individuen, um durch endliche Geister als seine Organe seinen Plan zu verwirklichen, weil nur in individueller Form gehandelt werden kann, nur in Individuen Bewusstsein und Sittlichkeit möglich ist. (Grundlage der gesamten W. L.) Jeder einzelne Geist erhält von der Weltordnung eine bestimmte Aufgabe vorgeschrieben, jeder soll das, was schlechthin nur er soll und nur er kann. „Erfülle jedesmal deinen sittlichen Beruf, deine specielle Bestimmung." Dann hat Jean Paul diesen Gedanken vertreten in der Levana; in unserer Zeit sind Nietzsche und Ibsen seine konsequentesten Verfechter. Schleiermacher nun gebührt das Verdienst, für Recht und Wert der Individualität auf allen Gebieten des geistigen Lebens seine Stimme erhoben und ihr in weiten Kreisen Gehör verschafft zu haben; er erkennt nicht nur in Beziehung auf die Persönlichkeit des Einzelwesens, sondern in allen Kreisen der sittlichen Thätigkeit und Gemeinschaft ein Gebiet der Eigentümlichkeit und Unübertragbarkeit an, worin er die Grundlagen der bedeutendsten ethischen Gestaltungen, als der Religion und der Kirche, der Kunst, der freien Geselligkeit, der Gastlichkeit, der Freundschaft findet. (vergl. Twestens Vorrede zu Schleiermachers Grundriss der philos. Ethik).

Der ästhetische Individualismus endlich behauptet, gerade das dem einzelnen Künstler und dem einzelnen Gegenstande Eigentümliche sei wertvoll, das Individuum nicht ein gleichgültiges, ersetzbares Exemplar, sondern ein in dieser Weise nicht noch einmal vorhandener characteristischer Ausdruck des Gattungstypus oder des Absoluten.

Die Folgerungen, welche sich aus dem Individualismus für die Erziehung ergeben, sind: Jeder Mensch hat seine eigentümliche Bedeutung, ist berufen sein eigentümliches Urbild zu verwirklichen, hat daher das Recht auf eine seiner besonderen Eigentümlichkeit und Begabung entsprechende Erziehung. Es ist daher die grundlegende und wichtigste Aufgabe des Erziehers, die Individualität des Zöglings, seine Anlagen und sein Temperament zu beobachten und kennen zu lernen. Er muss von vorne herein darauf verzichten, aus dem Zögling zu machen, was er will, er soll nur die bei allen verschiedene, von selbst vor sich gehende Entwickelung von Leib und Seele fördern, vor falschen Bahnen bewahren, die vorhandenen Neigungen und die mannigfaltigen Keime beleben und befruchten, das Gefühl bilden und läutern, den Willen festigen, kurz die Individualität zum selbstbewussten, das Leben der Menschheit wiederspiegelnden Einzelwesen erheben, so dass jeder seinen ihm vorgezeichneten Beruf und in diesem seine Glückseligkeit und Zufriedenheit finde. Am vollständigsten kann eine derartige Berücksichtigung der persönlichen Eigentümlichkeit nur in der Einzelerziehung im Hause erreicht werden unter der Leitung der Eltern oder des Hofmeisters. „Die Familie ist daher der gewiesene Ort, aus dem nur harte Notwendigkeit die Kinder schon in frühen Jahren hinaustreibt, weil Zeit und Fähigkeit der Eltern nicht genügen, die Zöglinge selbst für die Ansprüche des Lebens auszurüsten." (Rousseau). Dieser Freiheit des Individuums während der Zeit der Erziehung folgt die Freiheit im practischen Leben; sie ist der sicherste Weg zur Beglückung aller. Wenn das Recht auf ungehinderte Bethätigung und Entfaltung des menschlichen Geistes unbeschränkt und dauernd zur Herrschaft kommt, auch in der Gestaltung der wirtschaftlichen Ideale, wird alles sich aufs beste regeln, dann wird es keine idealen Notstände geben — wenigstens nach den Ansichten von Bastiat, Prince, Smith, Rousseau, der Verfechter des Systems des Individualismus auf politischem Gebiet.

Diesem System steht gegenüber der Socialismus[1]), der in den letzten Jahrzehnten mächtig an Boden gewonnen hat, zu dem Stellung zu nehmen man von jedem Gebildeten verlangen darf. Während der Individualismus nur das Recht der Einzelpersönlichkeit kennt, unterwirft der Socialismus die Einzelperson in jeder Beziehung dem Gesamtwillen, kennt überhaupt nur Rechte der Gesamtheit, die in ihrer unbedingten Berechtigung anerkannt sein will; die Einzelperson ist ihm nichts, die socialen Gebilde Staat, Kirche, Kaste, Berufsgenossenschaft u. s. w. alles. Der Mensch kommt nicht als einzelnes Individuum in Betracht, sondern immer nur als Teil und Glied des Ganzen; jede selbständige Vereinzelung des Menschen und der sittlichen Vermögen in ihm wird als selbstsüchtig verworfen, die Gemeinschaft als der höchste und letzte Endzweck der sittlichen Entwickelung gesetzt; das Individuum ist, ohne zugleich Selbstzweck zu sein, nur Mittel und Werkzeug für die Gemeinschaft, ist verpflichtet zu thätiger Mitarbeit am Auf- und Ausbau des Ganzen.

Auch diese Anschauung reicht bis ins Altertum zurück, sie beherrschte dasselbe und ist von Plato in seinem in der Republik geschilderten Idealstaat mit aller Folgerichtigkeit ausgebildet, von dem verwandten System des Katholicismus ins Leben eingeführt von dem Socialismus und Communismus des 18. und 19. Jahrhunderts wieder aufgenommen. (Bebel: die Frau u. aa.)

Die Metaphysik, die ihr wenigstens in ihren modernen Gestaltungen zu Grunde liegt, ist folgende: nur das Allgemeine ist die Wahrheit und Wesenheit der Dinge, das Einzelne ist nur verschwindendes Accidens. Der Ausgangspunkt ist der Gedanke des menschlichen Geschlechts als des höchsten, dem die Individuen untergeordnet sind. Die Gemeinschaft ist dem grossen Ocean zu vergleichen, der Einzelne ist nur ein Tropfen darin, eine Welle, die aufgeworfen wird, um im nächsten Augenblick wieder spurlos zu verschwinden. Nur vom Ganzen kann man darum bestimmte Eigenschaften aussagen, nicht vom Einzelnen;

---

[1]) Vergl. zu diesem und dem folgenden, Eucken: Grundbegriffe S. 187 ff., M. v. Nathusius: Mitarbeit. Bd. 1.

von einem Angeborensein theoretischer oder practischer Gedanken, von einer Anlage zu Künsten und Wissenschaften kann nicht die Rede sein.

Die Folgerungen, die sich aus diesem System für die Erziehung ergeben, sind: Das Kind wird von der Geburt an als Eigentum des Staates angesehen, wird den Eltern abgenommen und in einer staatlich-concessionierten Erziehungsanstalt ausgebildet. Die gesamte Erziehung besorgt der einzige Geschäftsinhaber, der Staat, er hat das Erziehungsmonopol wie alle andern Monopole. Zweck der Bildung ist, den Einzelnen für das Leben der Gesamtheit, der er angehört, zu erziehen, diejenigen Fähigkeiten und Neigungen besonders zu entwickeln, welche dem Staatsideal, wie es der gerade herrschenden Generation vorschwebt, förderlich sind. Möglichst bald wird dann der Nachwuchs als brauchbares Glied an den Staat abgeliefert, um in die grosse Organisation oder Arbeitsmaschinerie eingegliedert, in die Armee der Gesellschaftsindustrie eingestellt zu werden, damit er seiner allgemeinen Arbeitspflicht genüge. Freie Selbstbestimmung in der Wahl des Berufes oder der Arbeit giebt es nicht. Jeder hat sich willenlos seinen Platz im Bau des Gesellschaftshauses zuweisen zu lassen. Wohlbefinden, Glück und Zufriedenheit des Einzelnen ist nicht massgebend, sondern lediglich das Interesse der Gesamtheit; dies ist die einzige sociale Gestalt der Kultur, das Haus, das Familienleben wird nicht in Ansatz gebracht.

Wenn wir zu einer Beurteilung der beiden Systeme, wie sie oben in ihrer Einseitigkeit dargelegt worden sind, — zwischen diesen beiden Extremen giebt es natürlich unendlich viele Abstufungen — und ihrer Forderungen an die Erziehung schreiten, so ist nicht zu leugnen, dass jedes gewisse Wahrheitsmomente enthält neben manchen Irrtümern.

Der folgerichtig durchgeführte Individualismus bedeutet die Atomisierung der Gesellschaft, würde eine Welt persönlicher Atome hervorbringen, die sich gegenseitig abstossen oder anziehen, aber es doch nie zu einer andern, als einer bloss gesellschaftlichen contractmässigen Verbindung bringen; er hat den kalten Liberalismus, das eigennützige Manchestertum mit seinem Ausbeutungssystem gezeitigt.

Bedeutungsvoll bleibt die Hervorhebung und Wahrung des Rechtes der Individualität, des Selbstgefühls und der Urrechte der menschlichen Persönlichkeit. Die Individualität und ihre freie Bewegung ist und bleibt eine der Kräfte, die bei der Ordnung des menschlichen Zusammenlebens nicht übersehen werden darf, ja von der grössten Wichtigkeit ist; denn hierauf beruht die ungeheure Bedeutung der führenden Geister, welche die Gedanken ihrer Umgebung in sich selbständig verarbeiten, ihren Willen auf neue Ziele concentrieren und dann dem Gesammtwillen die Richtung vorschreiben. Jeder neue Anstoss und Fortschritt in der Entwickelung der Menschheit geht auf individuellen Ursprung zurück.

Der konsequente Socialismus bedeutet die Aufhebung der freien Persönlichkeit, des in jedem Menschen vorhandenen und in der Menschheit auf die Dauer untilgbaren Bewusstseins der Freiheit, er wäre, ernstlich durchgeführt, ein wirkliches Attentat auf die Grundsäulen jeder menschlichen Existenz, er schliesst die Konkurrenz freier Unternehmungen, der Privatunternehmungen überhaupt schlechterdings aus. Niemand dürfte gegen den Strom schwimmen, Erfindungen und Entdeckungen wären in ihrer Ausnutzung von dem Beifall der Masse abhängig; jeder müsste nach dem Willen der Majorität leben, denken und arbeiten; alles eigentümliche Leben und Streben würde durch die zwangsweise gleichmässige Beschäftigung vernichtet; wie eintönig, wie langweilig würde das Dasein! Die Ungleichheit des Besitzes, der Bildung, der Begabung, der ganzen Lebenshaltung ist eben nicht nur heilsam, sondern notwendig für das Menschengeschlecht. Vor allem ist die Zerstörung und Ignorierung der Familie derjenige Punkt, inbezug auf den man in offenem Kriege mit dem Socialismus leben muss. Doch an den Grundfesten der Familienerziehung rüttelt leider nicht nur der democratische, sondern auch der staatlich-bureaucratische Socialismus. Den Rückschritt zu jenen Grundsätzen macht unter andern auch die Richtung, welche wie einst J. G. Fichte eine fast ausschliesslich nationale Erziehung fordert, vertreten durch Paul Güssfeldt, der mit seiner auch manches Gute enthaltenden Schrift: „Die Erziehung der deutschen Jugend" nicht ohne Einfluss auf leitende Kreise gewesen ist; er verirrt sich hier zu der Aeusserung: „Wir werden in Zukunft zwei Armeen zu unterhalten haben, die eine in Kasernen, die andere in Schulhäusern und den anderen Anstalten, welche eine harmonische Ausbildung erheischt". Dieser Satz characterisiert und verurteilt diese Richtung, welche die Kinder auch ausserhalb der Lehrstunden dem erziehlichen Einfluss der Familie entziehen will.

Anerkennenswert ist, dass der Socialismus mit dem Begriff der Menschheit als eines Ganzen Ernst macht, dass er die sittliche Erziehung des Menschen im Sinne einer Umwandlung des allzu individualistischen Geistes in einen mehr socialen fordert. Er verlangt Unterordnung des Einzelnen, Achtung vor Staat und Gesetzen, vor dem, was den Genossen heilig ist, Würdigung jeglicher Arbeit und gegenseitiges Respectieren. An die Stelle der einseitigen Berücksichtigung der Privatinteressen soll die der höheren und allgemeineren, soll der Blick auf das Ganze treten.

In welchem Verhältnis soll nun das individuelle Moment zum socialen in der Erziehung stehn? Das ist eine Frage von bleibender Wichtigkeit und Bedeutung für die Gesamtheit wie für den Einzelnen, eine Frage, die auf allseitiges Interesse Anspruch machen darf, wie jede Frage der Erziehung, denn wer wäre nicht mitberufen zu ihrem grossen Werk, und hätte er auch nur sich selbst zu erziehen! Und wer hätte die Mängel und Schäden der Erziehung und des Unterrichts etwa nur an andern, nicht auch an sich selber entdeckt! Ihnen entgegenwirken zunächst in sich, dann auch in andern, ist auf irgend eine Weise jeder berufen, sei es durch Leben oder Lehre, sei es durch Beispiel oder Zucht.

Ueberblick über die Geschichte der individuellen und socialen Erziehung.

Die Beantwortung der Frage, in welchem Verhältnis die individuelle zur socialen Erziehung stehen soll, ist zu verschiedenen Zeiten verschieden ausgefallen. Werfen wir von diesem Gesichtspunkt einen kurzen Ueberblick über die Geschichte der Erziehung. Die alte orientalische Erziehung kam zu keiner freien Entfaltung des individuellen Lebens unter den Gesetzen, die der Staatsbegriff auflegte: der Einzelne galt nicht als ein selbständiges Wesen mit individuellen Rechten und Zwecken, er war nur der Gesamtheit wegen da, nur in und mit ihr gelangte er zur Geltung. — Bei den Griechen war die Erziehung ein Teil des Gemeinwesens, war mit der Gesetzgebung verbunden und ein Gegenstand derselben, daher social-politisch. Lykurg war Gesetzgeber und Staatspädagog. Der Mensch ist überhaupt ein für den Staat geschaffenes Wesen, ein ζῶον πολιτικόν, der Staatsidee als der höchsten sind die sittlichen wie die religiösen untergeordnet. Für ästhetische und individuelle Ausprägung des menschlichen Wesens bot nur Athen in der spätern Zeit Raum.

Die Römer erzogen die Kinder für das Leben im Staat zu tapfern Kriegshelden, zu rechtlichen, unbestechlichen Staatsbürgern. Das spätere Rom, Quintilian († 118) kannte zwar das Ideal des Redners, des Staatsmannes und des Advokaten,

aber ausserhalb des Staatsbegriffes gab es kein Erziehungsideal
Immerhin mahnt Cicero, die Individualität des Zöglings zu
studieren und bei der Wahl des Lebensberufes seine Neigung
zu berücksichtigen.

Bei den Juden war der sociale Gedanke religiös gefärbt,
die Kinder wurden innerhalb der Familie für die Volks-
gemeinschaft des theocratischen Gottesstaates erzogen fern von
Standesunterschieden; Gottes Gesetz war die höchste Norm.
Characteristisch war die systematische Abschliessung gegen alles
Nicht-jüdische im Interesse der Wahrung der eigenen Eigentümlichkeit.

Erst das Christentum hat das Recht der freien Persönlichkeit
zu Ehren gebracht, den Wert jeder einzelnen Menschenseele vor
Gott betont, es ist sowohl personbildend als gemeinschaftbildend,
die ganze Menschheit ist ein durch Liebe verbundener Organismus;
an die Stelle der Nationalität tritt die Humanität.

Nur zu bald wurde dieser Individualismus verdrängt, und
die Menschen durch das Ordnungssystem des Katholicismus
Jahrhunderte lang unfrei am Gängelband geführt und bevormundet. Alle wurden als der Kirche zugehörig angesehen und
für die Kirche erzogen; Staat, Familie, Lebensberuf machten
noch keine Ansprüche auf die Erziehung, bis endlich Humanis-
mus und Renaissance dem Herdenmenschen des Mittelalters
die persönliche Freiheit wieder gaben, unnatürlichen Zwang und
willkürliche Fesseln beseitigten, nach innen einen neuen Menschen,
nach aussen eine neue Welt entdeckten, den Gedanken und
Glauben an das Recht der Individualität und der künstlerischen
Herausarbeitung derselben, die Anerkennung des Menschlichen
als eines Berechtigten brachten. Damals erhob Dante seine
Stimme für die Eigentümlichkeit und deren Schonung:

> „Wenn die Welt dort unten achten wollte
> Auf jenen Grund den die Natur gelegt hat,
> Würd' ihm sie folgend bess're Menschen haben;
> Ihr aber schleppet zu dem Klosterleben,
> Der da geboren war, das Schwert zu gürten,
> Und macht zum König, dem die Predigt ziemt".[1])

Dann kam die Reformation, sie bedeutet die Selbstmacht
und Gewissheit der auf sich selbst gestellten einzelnen Person.
Luther wollte das Individuum nicht nur zu einem freien, selbst-
ständigen Christenmenschen, der aller Dinge Herr ist durch den
Glauben und aller Dinge Knecht durch die Liebe, erzogen

---

[1]) Paradies VIII 142—147.

wissen, sondern auch für das neugeheiligte Familienleben, für den
der Obhut der Kirche entwachsenen Staat und den wieder zu
Ehren gebrachten Beruf der Laien in der Treue gegen das
himmlische und irdische Vaterland. Von nun an wird die
Forderung socialer und individueller Erziehung häufiger geltend
gemacht. Comenius stellte die Grundzüge einer Socialpädagogik
fest, er wollte allen Menschen ohne Ausnahme eine Bildung
geben, wie sie das Leben und seine mancherlei Gemeinschaften
fordern; zugleich erscheint bei ihm zum erstenmal ein eigentlich
psychologisches Princip für die individuelle Erziehung.

Vergerius (+1565), Montaigne (1592+), Locke (+1704)
wünschen, dass jedes Kind durch einen Hofmeister seiner
Individualität gemäss behandelt wird unter sorgsamer Berücksichtigung seiner durch Herkunft, Familie, Neigungen und
Gemütsart bestimmten Anlage. Das Ziel dieser individuellen
Behandlung sollte practische und nützliche Weltbildung sein,
sociale Brauchbarkeit und Tüchtigkeit für das Leben innerhalb
der menschlichen Gesellschaft. Diese realistische und utilita-
ristische Pädagogik vernachlässigte das Gemüt, die Fantasie des
Zöglings und das Aesthetische.

Der Pietismus betonte einseitig die religiöse Erziehung,
beanspruchte sie ganz für sich und seine ecclesiola.

Da trat Rousseau[1]) auf, verwarf das Recht der Gesellschaft
dem Individium gegenüber, wollte das reine natürliche Leben
des Menschen aus dem ceremoniösen Formelwesen, den steifen
Aeusserlichkeiten heraustreten lassen; er erzog nicht für die
Kirche, nicht für den Staat, nicht für einen practischen Beruf,
sondern kosmopolitisch für den Menschenberuf in der Gesellschaft.
Er betonte gegenüber dem Sensualismus Condillac's und der
Encyklopädisten, die das Innenleben des Menschen nur als ein
mechanisches Product der von aussen erregten Empfindungs-
elemente betrachten wollten, die selbständige Substantialität und
Reactionsfähigkeit der Seele, die Eigenheit und Einheitlichkeit
ihrer Functionen, die Ursprünglichkeit ihres Wesens; er brachte
zum Ausdruck, das das geistige Leben nicht nur in uns geschieht, sondern dass wir selbst als die thätig bestimmenden
Persönlichkeiten dabei sind.

Ihm nach forderten die Philanthropisten nicht nationale,
sondern allgemein menschliche Erziehung, nicht konfessionelle,
sondern allgemein religiöse, sie wollen die Kindesnatur
beobachten und berücksichtigen, die Zöglinge für ein gemein-

---

[1]) Windelband: Gesch. der Philos. 361 f.

…itziges und glückseliges Leben vorbereiten. In naiver Coordination stellen sie beide Zwecke, das Interesse der Gesellschaft und das des Individuums, neben einander, setzen ihre Einstimmigkeit ohne weiteres voraus.

Dann begegnen wir bei Herder einer Hochschätzung der Individualität: „Jedes einzelne Geschöpf hat seinen unersetzlichen Eigenwert und trägt seine Zukunft als Anlage in sich, ist berufen sein eigentümliches Urbild zu verwirklichen". (Ideen zur Phil. der Gesch. der M.) Weiter hat Jean Paul sich um Ausbildung des Individualitätsgedankens verdient gemacht, er sagt bei der Schilderung der Individualität des Urmenschen: „Jeder von uns hat seinen idealen Preismenschen in sich, diesen d. h. die Summe aller seiner individuellen Anlagen und Kräfte wachsen und sich entfalten zu lassen, das ist Aufgabe des Erziehers. Nur niemanden mit rauher Hand aus seiner Individualität herauswerfen! Ist der Mensch einmal aus ihr herausgeworfen in eine fremde und damit seine Urkraft gebrochen, so ist der zusammenhaltende Schwerpunkt seiner inneren Welt beweglich gemacht und irrt darin umher, und eine Schwankung geht in die andere über." (Levana, 2. Bruchstück § 25—30). Auch Goethe sei hier erwähnt mit seinem trefflichen Wort: „Gleich sei keiner dem andern, doch gleich sei jeder dem Höchsten. Wie das zu machen? Es sei jeder vollendet in sich."

Pastalozzi betont gleichzeitig naturgemässe individuelle Bildung und sociale Volkserziehung, seine Grösse liegt in dem socialistischen Geist seiner Pädagogik, in der Erkenntniss des innigen Zusammenhanges der socialen Frage mit der Frage der wahren Menschenbildung. Er wollte die intellectuellen und sittlichen Kräfte wecken und stärken, um die gesunkene Menschheit zu retten, um jeden Einzelnen in den Stand zu setzen, in seinem Lebenslauf sich das zu erwerben, wessen er bedarf. Erst Familie und Schule, Kirche und Staat zusammen vermögen die rechte Volksbildung und ein veredeltes Volksleben zu schaffen. Individualität heilig achten, ihr eigentümlich selbständiges Leben zu erkennen ist die Wonne des Erziehers. Pestalozzi suchte nach einem Princip der socialen Erziehung, aber er fand nur das Princip der individuellen Erziehung in ihrer psychologischen Grundlage. Daraus ist erklärlich, dass von Pestalozzi eine zweifache pädagogische Strömung ausging, einmal die einseitige Betonung des individuellen Moments bei Densel und Diesterweg, dann die des socialen Moments bei Graser und Harnisch. Wie die Neuhumanisten Fr A. Wolff, W. v. Humboldt, Herder, Goethe und Schiller auf dem Gebiet des höheren Unterrichts die harmonische Ausbildung aller in der menschlichen Natur angelegten Kräfte und Fertigkeiten bis zur möglichst hohen Vollkommenheit, Pflege des Gemüts, der Fantasie und der Gefühlsseite des Seelenlebens forderten, wobei als Ideal menschlicher Entwickelung das klassische Griechentum angesehen wurde, so wollte jene erste Richtung auf dem Gebiet der Volks- und Bürgerschule Humanität, allgemeine Menschenbildung, wollte rein psychologisch verfahren, den Unterrichtsstoff und die Unterrichtsweise aus der individuellen Natur des Kindes gewinnen; dabei kam das christliche und nationale Princip zu kurz. Formalismus, Kosmopolitismus, Interkonfessionalismus wurde ihr zum Vorwurf gemacht.

Wie andererseits Fichte, der Idealphilosoph, anknüpfend an die antike Idee der Volkserziehung, getrieben von glühender Liebe zum Vaterlande die Notwendigkeit nationaler, socialistischer Erziehung der Jugend aller Stände in einer geschlossenen pädagogischen Provinz betonte, so sah jene andere Richtung den Menschen nicht mehr an als einzelnes Individuum, sondern als Glied der socialen sittlichen Gemeinschaften, wollte alles aus ethischen Principien ableiten. Ihr wurden die Namen Polizismus, Erziehung ad hoc und Klericalismus gegeben.

Die grossen Gesichtspunkte für die individuelle Erziehung.

In welchem Verhältnis und in welcher Weise sich die grossen socialen Kreise Kirche, Staat und Beruf nach Recht und Pflicht an der Erziehung beteiligen müssen, diese Frage bewegt fortan die Pädagogen. Wir wollen im folgenden die Ansicht eines ungemein vielseitigen Gelehrten aus dem Anfang unseres Jahrhunderts darstellen und beurteilen. Es ist Schleiermacher, Theolog und Philosoph, Prediger, Professor und Schriftsteller zugleich. Er hat die Frage, die uns beschäftigt, im Rahmen seiner Pädagogik gründlich behandelt, es sind weniger durchaus neue Gedanken und Gesichtspunkte, die er aufstellt, als die alten in neuer Beleuchtung und Gruppierung. Wie ein Brennglas alle Strahlen des Lichts in sich vereinigt, dann in anderer Richtung sie wieder ausstrahlt, so hat Schleiermacher die Anschauungen vergangener Jahrhunderte, die Ansichten früherer Denker in sich aufgenommen und gesammelt, um sie nun in neuer Ordnung und Anwendung wiederzugeben. Dazu stand er in der Mitte aller Bildungsfragen seiner Generation; in seiner grossartigen Persönlichkeit spiegeln sich die Interessen und Strömungen jener grossen, aber schweren Zeit wohl am reinsten und vollständigsten wieder. So war er vor andern berufen, seine gewichtige Stimme laut werden zu lassen. Und sein Werk über Pädagogik, umfassend wie das des Comenius, ist nicht mit Unrecht für die „tiefsinnigste und gründlichste, umsichtigste und besonnenste Darstellung" auf diesem Gebiet erklärt worden. (G. Baur in Schmid's Encyklopädie). Nicht nur der Lehrer, sondern auch der Staatsmann und Politiker, der Gebildete überhaupt kann aus dieser Darstellung deshalb so viel lernen, weil „hier die Fragen gestellt und richtig entwickelt werden, und weil man eben dadurch die Freiheit des eigenen Denkens behält und sich dieselben auch anders als Schleiermacher zu beantworten das Recht hat. (Ziegler, Geschichte der Pädagogik.) Obwohl 70 Jahre seit ihrer Abfassung vergangen sind, bleiben die Gedanken in Kraft, sind je länger je mehr verwirklicht worden, ja harren immer mehr ihrer endlichen Durchführung, sind nur in wenigen Punkten überwunden und veraltet.

Schleiermachers Pädagogik liegt uns vor in den von C. Platz gesammelten und 1849 unter dem Titel „Erziehungslehre" herausgegebenen Vorlesungen, die im Jahre 1813/14, 1820/21 und 1826 gehalten sind, letztere ist die Hauptdarstellung, dazu Aphorismen zur Pädagogik aus den Jahren 1813/14. Leider ist dies aus Manuscripten Schleiermachers, aus nachgeschriebenen Zetteln und Heften zusammengestellte Material recht unvollkommen, aphoristisch und von fragmentarischem Character, was sich daraus erklärt, dass Schleiermacher seine Vorlesungen nicht auszuarbeiten, sondern Katheder wie Kanzel nur mit einer genauen Disposition zu betreten pflegte, dann nachträglich die Resultate des in jeder Stunde Entwickelten in kurzen Sätzen niederschrieb. So ist die Schleiermachersche Pädagogik um ihrer ungeniessbaren Form willen weit weniger gekannt und geschätzt, als sie es ihrem hochbedeutsamen Inhalt nach verdient. G. v. Rohden hat sie 1884 dargestellt und beurteilt, (Leipziger Dissertation, erschien bei A. Edelmann), doch verhält sich diese Darstellung in ihrer gedrängten Kürze zum Original wie ein dürres Scelett zum Körper. Die neueste bisher vollkommenste Darstellung von Dr. P. Diebow (Halle 1894 Niemeyer) ist klar und übersichtlich, lässt aber die sociale Seite der Erziehung nicht genügend hervortreten. Keferstein (1887 Jena) bietet nur Stoffsammlung ohne Verarbeitung.

Zur vollständigen und gründlichen Darlegung seiner Gedanken über individuelle und sociale Erziehung wird man auch Schleiermachers übrige Werke heranziehen müssen, besonders die Monologe, Reden über die Religion, Predigten, Briefe, die Abhandlungen über die Stellung des Staates zu den Wissenschaften, über den Beruf des Staates zur Erziehung, gelegentliche Gedanken über Universitäten im deutschen Sinn, Recension von Zöllner „Ideen über Nationalerziehung", Grundriss der philosophischen Ethik (von Twesten herausgegeben), Entwurf eines Systems der Sittenlehre (von Schweizer herausgegeben) u. s. w.

Zuvörderst müssen wir kurz feststellen, was Schleiermacher unter Erziehung versteht, was nach ihm Wesen, Aufgabe und Ziel derselben ist. Erziehung ist die Lehre von einer der Grundsätze und Zwecke sich bewussten Einwirkung der älteren Generation auf die jüngere. Sie soll den Menschen bilden für die eigentümliche Beschaffenheit der verschiedenen grossen Lebensgemeinschaften, aber auch zugleich die Kraft und die Freiheit in dem Zögling entwickeln, um den Unvollkommenheiten entgegenzuarbeiten.[1]) Er unterscheidet klar die beiden Gesichtspunkte der Erziehung, also die individuelle Seite, die freie und lebendige Entwickelung der persönlichen Eigentümlichkeit, das Ausbilden der Natur der Kinder, die zu einem klaren Bewusstsein ihres Wesens und ihrer Bestimmung geführt werden sollen, und die sociale Seite, das Hineinbilden in das sittliche Leben, das Tüchtigmachen für die grossen Gemeinschaftskreise. (Erziehungslehre S. 10, 41 f, 590, 708).

Die nach dem inneren Entwickelungsprincip erfolgenden Veränderungen des lebendigen Menschenwesens werden durch äussere Einwirkungen mitbestimmt und modificiert; der absichtliche pädagogische Einfluss richtet sich nach den sonstigen äusseren Einwirkungen und nach der ursprünglichen Bestimmtheit und ihrer innern Entwickelungskraft. Die Erziehung kann sich zu diesen beiden Factoren entweder als Mitwirkung und Unterstützung oder als Gegenwirkung verhalten, dies die beiden Grundformen des pädagogischen Verfahrens. Bezüglich der äusseren Einwirkung genügt die Gegenwirkung, sie soll den nachteiligen Einflüssen der Umgebung entgegenwirken, das andere wird dann von selbst entstehen; bezüglich der Selbstthätigkeit ist die Erziehung Unterstützung der Entwickelung der persönlichen Eigentümlichkeit (S. 124 ff; 155 ff).

---

[1]) Vergl. C. Platz: Schl. Erziehungslehre 1849 (bei Reimer) S. 51, 101, 165, 593, 719. Im folgenden bezeichnen die einfachen Zahlen Stellen aus diesem Werk.

Soviel zur vorläufigen Orientierung. Der Ausgangspunkt der Erziehung, wie nämlich der Mensch uns gegeben werde, und die nächste Aufgabe derselben, die Entwickelung der Eigentümlichkeit führt auf den einen Grundpfeiler der Pädagogik: Psychologie und Anthropologie. Es ist characteristisch, in dem Manuscript von 1813 und in den Auszügen von 1820 wird die Notwendigkeit der psychologischen Bestimmungen von Schleiermacher unbefangen anerkannt, und der Versuch gemacht, den Anfangspunkt instinctartig zu entwickeln, in der Hauptdarstellung der Erziehungslehre dagegen aus dem Jahre 1826 wird das Problem des anthropologischen Anfangspunktes umgangen, man wird ausdrücklich aufgefordert, von der Frage nach einer bestimmten psychologischen Begründung von vorne herein abzusehen. „Da, so fährt Schleiermacher in der ersten Vorlesung fort, noch kein System dieser Wissenschaft klassisch geworden ist, wir auch unmöglich sogleich eine ganze Psychologie machen können, so wollen wir nur instinctartig diejenigen Hauptpunkte hervorheben, welche auf unsere Frage die unmittelbarste Beziehung haben" (S. 694). Diese bieten uns auch die wesentlichen Gesichtspunkte für die psychologischen, ja für die letzten philosophischen Maximen überhaupt, von denen Schleiermacher in seiner Pädagogik ausging. Der erste zu suchende feste Punkt ist die Frage nach der physischen Voraussetzung: Was ist der Mensch schon, wie wird er gegeben? Der Gegenstand muss bekannt sein, wenn die Erziehung eine technische sein, d. h. ein Zusammenhang von Mittel und Zweck konstruiert werden soll. Nun ist nach Schleiermacher unser ganzes Denken, inwiefern es sich auf die gegebene Welt bezieht, unser reales Denken durchaus an den Gegensatz des Allgemeinen und Besondern gebunden.[1]) Wie steht es in dieser Beziehung um den Menschen als Erscheinung angesehen? Auch auf ihn ist das Gesetz aller Erscheinung anwendbar, ohnerachtet der Einheit und Identität der Gattung, dass jedes Einzelne ein Allgemeines und Besonderes zugleich ist (691). Jeder ist ein Mensch, dies das Allgemeine; aber zwischen diesem Allgemeinen und dem Besondern, dass jeder ein Einzelner ist, liegt eine Menge von Abstufungen.[2]) Da sind die Racen, in ihnen ist unbeschadet der allgemeinen Identität etwas Besonderes gesetzt. Da sind weiter Völkerschaften, hier sind schon geringere Unterschiede, aber dem

---

[1]) Vergl. Schl. Dialektik S 202.
[2]) Vergl. Schl. System der Sittenlehre § 192 f.

geübten Auge nicht entgehend, weiter Stämme und Familien, endlich der Einzelne; in ihm sind, sofern er einer Familie, einem Stamm, einer Völkerschaft, einer Race angehört, alle diese Differenzen vereint. Diese eigentümlichen Verschiedenheiten sind notwendig und schon in der Natur angelegt.

So ist jeder einzelne an und für sich selbst ein eigentümliches Wesen und tritt als solches in die Erscheinung; aber nur inwiefern die Individualität mit der Identität zusammen besteht, darf man dies aufstellen; keineswegs besteht die Eigentümlichkeit darin, dass sie zur allgemein-menschlichen Natur hinzukommen soll, so angesehen, wäre sie ein Auswuchs; auch nicht darin, dass dem Einzelnen dieses oder jenes fehle: so angesehen wäre sie eine Unvollkommenheit. Sie ist nur ein verschiedenes Verhalten dessen zu einander, was die allgemein-menschliche Natur constituiert, nur eine Modification des unendlichen Reichtums der menschlichen Natur. Fragen wir, was dies für ein verschiedenes Verhalten sein könne, so werden wir vorläufig zweierlei unterscheiden. Auf der einen Seite besteht die menschliche Natur aus einer Mannigfaltigkeit von Functionen, leiblichen und geistigen. Diese können sich nun quantitativ verschieden verhalten, die einen sind stärker, die andern schwächer. Aber auch eine qualitative Verschiedenheit kann stattfinden. Jeder Mensch nämlich schreitet in seiner Entwickelung fort, er wird, was er werden soll, von einem unvollkommenen Anfang bis zur relativen Vollendung in der Zeit. Dieses Fortschreiten hat einen Exponenten, der die Kraft bezeichnet, die dem Einzelnen einwohnt. Nun ist es denkbar, dass diese in allen Menschen nicht ein und dieselbe ist, sondern dass einige überhaupt nur einen geringeren Punkt erreichen, andere einen höheren. Dies ist kein quantitativer Unterschied im vorigen Sinn, sondern, steigern wir es zu einem gewissen Maximum, so werden dadurch verschiedene Potenzen in der menschlichen Natur dargestellt, also Wesen höherer Art, Wesen niederer Art.[1]) Diese Unterschiede lassen sich in der Praxis nicht leugnen und weder durch Erziehung noch durch äussere Umstände überhaupt hinwegschaffen. Auch diese Differenz zeigt den Reichtum menschlicher Natur, das Minimum in der ursprünglichen Natur, das Maximum, zu dem sie sich erheben kann (S. 690 ff.).

Nun ist die Person, wie Schleiermacher in den Reden ausführt, das Gesetztsein der sich selbst gleichen und selbigen

---

[1]) Vergl. Plato de re publica III, 415.

Vernunft zu einer Besonderheit des Daseins. Der Act des Selbstbewusstseins ist das erste Zusammentreten des allgemeinen Lebens mit einem besonderen, die Vermählung des Universum mit der fleischgewordenen Vernunft. Alle menschlichen Wesen haben also dieselbe Vernunft und damit dieselben angeborenen Begriffe, dieselben Formen und Gesetze des Bewusstseins, dieselbe ursprüngliche Organisation, dieselbe zu bildende Natur, die Erde.[1]) Daher kann die Verschiedenheit nur in der Art liegen, wie die mannigfaltigen Functionen zu einem Ganzen verbunden sind, d. h. in der Verschiedenheit ihres Verhältnisses unter sich in der Einheit des Lebens.[2]) — Es ist aber in jedem Menschen eine organische oder reale Function, in der ihm durch die Affection der Organe, durch unsere Natur oder Sinnlichkeit eine chaotische Mannigfaltigkeit der Eindrücke gegeben wird, und eine intellectuelle oder ideale Function, welche die Verknüpfung des Mannigfaltigen zur Einheit oder die Sonderung des Vielen ins Einzelne durch den Geist, die Vernunft bewirkt. In allem Denken ist die notwendige Thätigkeit beider Functionen, der organischen oder anbildenden und der intellectuellen oder bezeichnenden gesetzt. Dies die Thatsachen des Bewusstseins.

Davon sind zu unterscheiden die Thätigkeiten, nämlich die Receptivität und die Spontanëität, die beiden Grundfactoren unseres geistigen Seins. Schleiermacher fasst mit Kant (vergl. Inaugural-Dissert. Kants) das gesamte individuelle Leben unter den Gesichtspunkt der Empfänglichkeit für äussere Eindrücke und der Reaction gegen dieselben. Das ganze Leben ist Zusammensein und Wechsel beider, in jedem Augenblick sind Receptivität und Spontanëität zusammen, weil sie das menschliche Leben constituieren. Zur Receptivität oder zur aufnehmenden Thätigkeit gehört das Denken und Wahrnehmen, das Empfinden und Fühlen, sie beginnt mit der Aufnahme, ihre Sache ist die Weltanschauung, in der die Totalität aller Eindrücke zu einem vollständigen Ganzen des Bewusstseins bis auf den höchsten Punkt gesteigert, mit eingeschlossen die Totalität des Bewusstseins der menschlichen Zustände, gedacht wird (S. 209, 698); sie setzt die höchste Selbstthätigkeit des menschlichen Geistes voraus und wird schliesslich zu Spontanëität oder freien ausströmenden Thätigkeit. Diese ist das auf dem Wollen beruhende Hinauswirken des Besondern auf das Allgemeine,

---
[1]) Vergl. System der Sittenlehre § 163 f.
[2]) Vergl. System der Sittenlehre S. 186.

das Streben der Einzelpersönlichkeit, auf die Welt zu wirken. Ihr Gebiet umfasst die Anwendung der leiblichen Kräfte und Fertigkeiten und des Intellectuellen, sofern dieses nach aussen sich wendet und eine Wirkung nach aussen begründet. Die spontanen Fertigkeiten beginnen mit den freien Bewegungen des Lebens, werden zur fortgehenden Weltbildung durch den menschlichen Geist, umfassen schliesslich alle nach aussen gerichteten Thätigkeiten des Menschen, wodurch sein Anteil an der allgemeinen Aufgabe des menschlichen Geschlechts bestimmt wird, durch die der Mensch mit seiner Thätigkeit in die Gesamtthätigkeit eingreift; dann muss der Typus der Gesamtthätigkeit in ihn übergehen, und er muss sich eine Bestimmung seiner eigenen Thätigkeit durch jene gefallen lassen, so dass sie unter der Form der Pflicht erscheint. (209 f). Allgemeine Aufgabe des Menschen ist Entwickelung des receptiven Chaos zur Weltentwickelung (622). Receptivität und Spontaneität, organische und intellectuelle Function nun sind sich kreuzende Gegensätze, sie geben das Fachwerk ab, in welches die Thatsachen unseres geistigen Lebens hineingelegt werden. Setzt man die Gleichheit der Natur in allen Menschen voraus, so besteht die persönliche Verschiedenheit, welche die Eigentümlichkeit begründet, in dem quantitativen Verhältnis der verschiedenen Functionen, welche die Einheit des Einzelwesens ausmachen. Wie in jedem Augenblick, so kann auch im ganzen Leben das Verhältnis zwischen receptiven und spontanen wie zwischen organischen und intellectuellen Thätigkeiten ein verschiedenes sein. (589). Je grösser die Wechselwirkung, desto reicher das Leben. Hierin liegt weiter ein unendlicher Reichtum von Verschiedenheiten unter den Menschen, und die grösste Mannigfaltigkeit glaubt Schleiermacher unter diesen richtig verstandenen Gegensatz des Uebergewichts einer dieser Factoren über den andern zusammenfassen zu können (696). Aehnlich spricht er sich im Entwurf eines Syst. der Sittenlehre aus (§ 163—74): Sofern mehrere bildende Einzelwesen jedes mit einer ursprünglich verschiedenen Organisation und nach einer verschiedenen Beziehung auf das System der Naturgestaltung bilden, werden ihre Bildungsgebiete von einander verschieden sein, und jedes wird ein in sich abgeschlossenes Ganze der Unübertragbarkeit oder des Eigentums. (Das engste Bildungsgebiet ist der menschliche Leib, das grösste die Erde in ihrem Gesamtumfang). Das Bezeichnen der Natur ist ungeachtet der Einerleiheit der Vernunft in allen doch in jedem ein anderes, sofern in jedem die bezeichnende Natur eine andere ist, und jeder eine andere Thätigkeit auf die zu bezeichnende richtet. Aber nur insofern die in jedem verschiedene bezeichnende Thätigkeit nicht kann im Bewusstsein der andern nachgebildet werden, ist sie auch eine unübertragbare. Sofern daher in jedem Einzelwesen eine ursprünglich verschiedene Einrichtung des Bewusstseins gesetzt ist, welche die Einheit seines Lebens bildet, ist in jedem ein eigenes und abgeschlossenes Bezeichnungsgebiet der Erregung und des Gefühls gesetzt.

Zu einer andern Hauptform der Individualitätsverschiedenheiten gelangt Schleiermacher von folgenden Erwägungen aus: Das menschliche Leben ist in seiner Erscheinung an sich und, sofern es Gegenstand der Erziehung ist, ein zeitliches und subjectives. Die Einheit der innern lebendigen Kraft offenbart sich immer nur in einer Succession von Aeusserungen. Diese Succession kann sehr verschieden sein: gleichförmig und ungleichförmig. Wir wollen dies mit dem Vorigen in Verbindung bringen. Wenn wir den Einzelnen ansehen als Identität des Allgemeinen und Besonderen: so ist diese auch in jeder Lebensäusserung und in jedem Lebensmoment z. B. im Denken, Vorstellen, Erkennen. Das Vorgestellte kann von dem Besondern ins Allgemeine gesteigert, vom Allgemeinen ins Besondere zusammen gezogen werden. Gehen wir nun davon aus, dass in jedem Moment jene Identität stattfindet in besonderer Wechselwirkung, nehmen wir hinzu, dass ein Moment auf den andern folgt, so gewinnen wir eine Differenz in der Succession der Momente. Sie kann ungleichförmig sein, je nachdem das Allgemeine oder das Besondere vorwaltet; sie kann aber auch gleichförmig sein, je nachdem in dem einzelnen Moment beides gleichförmig ist. Die ersteren sind die fruchtbarsten, letztere die gewöhnlichsten; aus beiden ist das Leben zusammengesetzt. Aber jedes Leben kann nun auch ein verschiedenes Verhältnis dieser Differenzen haben. Wie wesentlich die daraus hervorgehenden Unterschiede sind, macht Schleiermacher dadurch klar, dass er auf die Temperamente d. s. die Mischungsverhältnisse der Functionen eingeht. Sie entstehen aus der Wechselwirkung von Receptivität und Spontanëität, beiderseitig gepaart mit der Differenz der Succession der Momente; also phlegmatisch = gleichförmig spontan, cholerisch = ungleichförmig spontan, sanguinisch = gleichförmig receptiv, melancholisch = ungleichförmig receptiv. Diese Combinationen der Gegensätze sind allgemeine Typen für die besonderen Erscheinungen des menschlichen Lebens, worunter diese subsumiert werden; es sind allgemeine Oerter für die Verschiedenheit der Menschen, diese aber nicht selber (120, 589, 617, 696, 776).

Wir gehen zu einer andern Quelle der Eigentümlichkeit
über: Empfänglichkeit und freie Thätigkeit gestalten sich als
Mannigfaltiges in ihrer Beziehung auf ein mannigfaltiges Aeussere.
Es sind dem Menschen Werkzeuge angebildet, vermittels deren
er die mannigfachen Einwirkungen aufnehmen und mannigfaltig
selbstthätig sich erweisen kann. Diese Werkzeuge bilden einen
Organismus: die beiden Organismen der Receptivität und
Spontanëität verzweigen sich nun in einander, greifen mannigfaltig in einander ein und stellen dadurch die Einheit des
Lebens dar. Dieser zwiefache Organismus ist in allen Menschen
derselbe, weil die Beziehungen der Menschen auf die Welt
dieselben sind. Aber in sofern er selbst an sich ein Mannigfaltiges, Zusammengesetztes ist, giebt es wieder Verhältnisse
zwischen seinen einzelnen Teilen und dem Mannigfaltigen in
der Totalität. In dem Reichtum dieser Verhältnisse glaubt
Schleiermacher eine neue Quelle der persönlichen Eigentümlichkeiten gefunden zu haben, eine Quelle der Mannigfaltigkeit,
die gleich ursprünglich als eine solche aufgefasst werden muss,
die dem Begriff entgeht, bei der nur die unmittelbare Anschauung das Rechte treffen kann. Wollen wir das Vorherrschende eines einzelnen Zweiges im Organismus der
Receptivität bezeichnen, so pflegen wir dies eine Anlage zu
nennen (698). Das Vorherrschende im Organismus der
Spontanëität oder die Anlage, eine Fertigkeit in hohem Grade
mit Leichtigkeit auszuüben, nennen wir Talent. (167, 699).
Die persönliche Eigentümlichkeit eines Menschen bestimmt sich
aus der Mannigfaltigkeit der Verbindung des Daseins und
Mangels der verschiedenen Anlagen und Talente (590, 619, 698).

Verschieden von Differenz der Anlagen ist nun noch die
der Neigungen. Darunter versteht Schleiermacher das quantitative Verhältnis der Functionen zu dem Gesamtgebiete, dem
sie angehört, und worauf ihre Wirksamkeit sich erstreckt; je
nachdem ob die Function sich auf den einen oder andern
Gegenstand richtet, ist die Neigung eine verschiedene. Es
entspricht nämlich nach Schleiermacher „jedem Vermögen eine
Seite der Welt als ihr Stoff. Dieser Stoff ist wieder in sich
selbst gegliedert, und das Organ des einen hat eine specifische
Verwandschaft mit einem Teil dieses Stoffes, das eines andern
mit einem andern" (619 ff). Dies ist die Neigung, sie kommt
vorzüglich bei den vorherrschenden Talenten in Betracht. Die
Neigung eines Menschen in seinem vorherrschenden Talent ist
sein Beruf.

Wiewohl nun die Differenz der Temperamente, der Anlagen

und Talente die Hauptmomente der Eigentümlichkeit sind, so sind sie doch selbst von einander unabhängig. Man kann nicht sagen, ein gewisses Temperament setze gewisse Talente voraus und umgekehrt. Wenn wir jeden einzelnen mit denen zusammenstellen, die ihm am ähnlichsten sind in Rücksicht des Temperaments, so wird er sich von ihnen durch eine eigentümliche Mischung der Talente und Anlagen unterscheiden. Umgekehrt werden sich Menschen von ähnlichen Talenten und Anlagen durch eigentümliche Temperamente unterscheiden (699f). Das Talent ist in demselben Masse angeboren, wie das Temperament und in dem Mass alterabel, d. h. von jedem gegebenen Zustande aus drückt die Gesamtthätigkeit des Menschen immer ein und dasselbe Verhältnis aus, und dies ist die angeborene Bestimmtheit (590).

Weiter kommt als individualitätsbildend in Betracht die geistige Verschiedenheit des Geschlechtes, sie gipfelt nach Schleiermacher darin, dass im weiblichen Geschlechte eine grosse Bestimmtheit des unmittelbaren Selbstbewustseins d. i. des Gefühls mit besonderer Virtuosität im Auffassen des Individuellen und Einzelnen sich zeigt, während beim Mann die Spontaneität stärker hervorzutreten pflegt (106, 602).

Da endlich alles sittlich für sich zu setzende als Einzelnes zugleich auch begriffsmässig von allem anderen Einzelnen verschieden sein muss, so müssen auch die einzelnen Menschen ursprünglich begriffsmässig von einander verschieden sein,[1] d. h. jeder muss ein eigentümliches sein. Begriffsmässig d. h. nicht nur, weil sie in Raum und Zeit andere sind, sondern so dass die Einheit, aus welcher das im Raum und in der Zeit Gesetzte sich entwickelt, verschieden ist. Ursprünglich, d. h. so dass diese Verschiedenheit nicht etwa nur geworden durch das Zusammensein mit verschiedenen, sondern innerlich gesetzt ist.

So ist jeder Mensch mit einer ganz besonderen, nur ihm eigentümlichen Mischung und Kräftigkeit der geistigen Anlagen schon geboren, jeder Mensch ist eine eigentümliche Modification der Menschheit (619, 694). Jede Individualität ist daher, als eine ursprüngliche und eigentümliche Darstellung der Welt, ein notwendiges Ergänzungsstück zur vollkommenen Anschauung der Menschheit, eben deshalb aber auch ein Compendium derselben, welches die ganze menschliche Natur umfasst und in allen den zahllosen menschlichen Individuen nur festgehaltene Momente

---

[1] Vergl. Jahrbb. für deutsche Theol. 1857 Bd. II S. 860f. Sigwart: Schl's. Psychologische Voraussetzungen.

seines eigenen Lebens, sein eigenes, vervielfältigtes, deutlicher ausgezeichnetes und in allen seinen Veränderungen gleichsam verewigtes Ich anschaut.[1])

Nun soll der Mensch, der sich mit Selbstbewusstsein von andern unterscheidet und mit Freiheit sein eigenes Wesen bestimmt, auch ein eigentümliches Leben führen; jeder soll auf eigene Art die Menschheit darstellen, damit sie sich auf jede Weise offenbare.[2]) Die Bildung eigentümlicher Einzelwesen in der organischen Welt ist ein Gesetz der Natur. Daraus ergeben sich für die Erziehung Aufgaben und Ziel. Die Individualität des Kindes hinwegräumen hiesse es aus der Haltung seines Lebens herausnehmen und in ein chaotisches Allgemeine versetzen (705), vielmehr ist die Individualität als von der Natur gewollt und ursprünglich zu einem besonderen Beruf angelegt befugt, für sich das Recht in Anspruch zu nehmen, dass sie geachtet, in Ergreifung und Förderung ihres Berufes unterstützt und in der Ausbildung und Auswirkung ihrer eigentümlichen Kräfte nicht gehindert werde (710ff). Die Erziehung hat daher die Aufgabe, die selbständige Entwickelung des inneren Lebens der Kinder zu fördern, der Vernunft zur Herrschaft über die eigentümliche jedem angeborene Natur zu verhelfen, die Eigentümlichkeit sich so entwickeln zu lassen, dass das allgemeine Gesetz in dem Eigentümlichen auf besondere Weise zur Erscheinung kommt, doch so dass die Eigentümlichkeit nicht Absonderlichkeit, das Talent nicht Einseitigkeit werde, dass die richtige Mischung der Elemente statthabe, und keine Monstrosität, unliebenswürdige Isoliertheit oder abstossender Egoismus entstehe. Ziel der Erziehung und ihr höchster Triumph ist die Durchbildung der Persönlichkeit zur Eigentümlichkeit[3]), die vollendete Individualität, die das Werk ihrer eigenen Vervollkommnung selbständig weiterzuführen vermag (593; 49).

Nun ist die Eigentümlichkeit zwar überall angelegt, aber sie ist nicht überall dominierend, es giebt im Volke eine Menge, die von Natur dazu bestimmt ist, immer Masse zu bleiben; sie unterscheiden sich von den andern nur durch den Ort, wo sie stehen, und es giebt eine andere Klasse, in der sich eine wirkliche persönliche Eigentümlichkeit entwickelt.

---

[1]) Schleierm. Reden, vergl. Zeller Geschichte der d. Philos. S. 617 f.
[2]) Vergl. Monologe.
[3]) Vergl. Grundriss der phil. Ethik, herausgegeben von Twesten S. 263.

Die meisten halten sich in unbestimmter Mitte schwebend, sie zeigen zwar wirklich alle Bestandteile der Menschheit, aber wie das Gestein, dem Ruhe nicht ward, noch Raum, zur eigentümlichen Gestaltung sich zu krystallisieren, nur als rohe Masse erscheint: so alle die, welche den Gedanken der Eigentümlichkeit des Einzelwesens nicht gefasst. (S. 54, 694. Aehnlich in den Monologen). Es ist wohl kaum zu leugnen, dass das Herausbilden einer persönlichen Eigentümlichkeit in dem Grade, dass sie neben einer gewissen Gleichheit der Lebensweise, der Ansichten, der Sitte doch sichtbar wird, so dass Jemand aus der Masse (doch) hervortritt, eine höhere Kraft voraussetzt; diese ist es auch, wodurch der Einzelne in den Stand gesetzt wird, in selbständiger Weise auf das Ganze zu wirken, sich ihm nicht nur passiv hinzugeben, sondern correctiv zu verfahren. Diejenigen nun, in denen eine solche höhere Kraft nicht ist, durch die Erziehung auf eine Stufe heben zu wollen, wo sie auf das Ganze wirken könnten, würde vergebliche Mühe sein; sowie andererseits diejenigen, in denen eine höhere Lebenskraft angelegt ist, den anderen in der Behandlung gleichzusetzen, wiederum dem wohlthätigen Einfluss der Einzelnen auf das Ganze entgegenarbeiten hiesse. Dies begründet einen Unterschied in der Erziehung, den man durch den Gegensatz der niederen und höheren Erziehung ausdrückt. Jene hat zum Zweck, den Einzelnen zum Dienst des organischen Ganzen, dem er angehört, tüchtig zu machen, dann aber auch seine eigentümliche Anlage soweit auszubilden, dass sie in der Nähe aus dem Zusammenhang des Lebens wahrgenommen werden kann, und der Einzelne sich der Eigentümlichkeit selber bewusst wird; die höhere Erziehung dagegen soll die persönliche Eigentümlichkeit auf eine dominierende Weise ausbilden und den Einzelnen dahin zu bringen suchen, dass er auf das Ganze wirke und demselben eine Regel gebe, dass er sich auf eine imponierende Weise über die andern erhebt und die Aufmerkkamkeit auf eine Person lenkt und festhält. Es lässt sich nicht denken, dass eine persönliche Eigentümlichkeit ausgebildet worden wäre, die nicht in irgend einer Beziehung Regel gebend auf das Ganze gewirkt hätte (S. 51 f).

Diese Ungleichheit, welche die niedere Erziehung der einen, die höhere der andern verursacht, beruht also in erster Linie auf einer natürlichen Grundlage, auf der ursprünglichen Anlage der Menschen, nicht auf Willkür und äusseren Verhältnissen (57)[1].

---

[1] Vergl. Plato de re publica III, 415.

Immerhin mahnt Schleiermacher zur Vorsicht im Urteil (69). Es ist stets schwer, in der Masse der Menschen den einen vom andern zu unterscheiden: wenn Jemand, der nur in den höheren Regionen der Gesellschaft zu leben gewohnt ist, eine Masse aus dem Volke sieht, so erscheint der eine wie der andere. Aber das ist nur Schein, wer unter ihnen lebt und mit ihnen verkehrt, der findet auch in den Einzelnen Eigentümliches. Das Verschwinden der persönlichen Eigentümlichkeit verschwindet selbst, wo der grössere Abstand der Menschen untereinander, die Ungleichheit der Bildung verschwindet. Die Eigentümlichkeit ist überall angelegt, und jede Klasse muss sich für sich persönlich eigentümlich ausbilden. Die Jndividualität kann keineswegs willkürlich aufgepfropft werden, man kann nur den Anzeichen nachgehen, welche sich allmählich zeigen. Und das Jndividuelle beginnt schon im frühesten Alter sich von innen heraus zu entfalten, denn der Mensch ist ein Wesen, das den hinreichenden Grund seiner Entwickelung vom Anfang des Lebens an bis zum Punkt der Vollendung in sich trägt. Das liegt schon im Begriff des Lebens vornehmlich des intellectuellen geistigen (315). Die Richtigkeit der Erziehung wird stets von der richtigen Erkenntnis der Eigentümlichkeit abhängen (700), ihr muss durchaus Gerechtigkeit wiederfahren. Dazu ist es nötig, die leibliche und seelische Natur des Kindes, seine natürliche Veranlagung zu belauschen, sie kann erst allmählich erkannt werden, da die Anlagen und Talente in sehr verschiedener Succession hervortreten; aber in jeder Lebensäusserung offenbart sie sich, und je mehr man die innere Freithätigkeit erkannt hat, desto leichter wird man auch berechnen können, wie sich das Kind zu allen Eindrücken von aussen verhalten wird (699). Im übrigen soll die Erziehung nichts sein als leise freie Anregung des edlen Keims, der gewiss da ist, soll also lediglich Unterstützung dessen sein, was die Seele der menschlichen Natur ausmacht, der inneren Kraft, die sich in jedem entwickelt. Es gilt also als Regel, alles, was als Ethich-positives anzusehen und in der Entwickelung begriffen ist, was wir sittlicher Weise keine Macht und kein Interesse haben zu stören, das dürfen wir nicht hemmen, und weiter — was noch schwerer ist — alles, was in dem einen Menschen so ist und in dem andern anders, aber als abweichend doch nicht unter den Begriff des Sittlich — negativen fällt, das muss so gelassen werden, wie die Erziehung es findet. Alles, was in der menschlichen Natur nicht böse ist, soll auch in derselben vorhanden sein: also keine Eigentümlichkeit, keine Verschiedenheit, die sich in einem

Einzelnen oder in einer Masse oder in einer Gemeinschaft findet, ist an sich etwas, dem die Erziehung entgegenwirken müsste, wenn es nicht böse ist, also der Idee des Guten widerspricht. Die Verschiedenheiten und Eigentümlichkeiten der Menschen, die ausserhalb des Bösen sind, sollen auch sein; die menschliche Natur ist nur vollständig, in wiefern diese Verschiedenheiten in ihr heraustreten, es soll sich im Gebiet der menschlichen Natur die ganze Mannigfaltigkeit von Erscheinungen entfalten (36 f.)

Das schliesst nicht aus, dass die Veränderungen lebendigen Wesens nicht mitbestimmt und modificiert sein dürften durch Einwirkungen von aussen. Vielmehr ist eben dies das Wesentliche im Begriff der Gemeinschaft und der Gattung oder im Begriff der Welt; die Entwickelung der Einzelnen wird bedingt sein durch die gemeinsame Natur, welche sie zur Gattung macht, und durch ihre gegenseitige Einwirkung, ohne dies giebt es kein menschliches Geschlecht, keine menschliche Gattung. So muss sich die Erziehung neben der Unterstützung des Guten das Entgegenwirken gegen das Böse angelegen sein lassen, muss alle Keime, die dem Ziele entgegen sind, sobald als möglich entdecken und unterdrücken. Doch bedürfen die Anlagen eines jeden zur Eigentümlichkeit des Daseins — das bleibt die Regel — keiner Gegenwirkung, sie verlangen nur unterstützender Thätigkeit; entgegenwirkend darf die Erziehung nur sein gegen das, was die Entwickelung der Eigentümlichkeit hemmt (9,87). Da finden wir zweierlei, wodurch die Ausbildung der persönlichen Eigentümlichkeit zurückgehalten wird. Der Nachahmungstrieb, der in der menschlichen Natur liegt, schmiegt sich an den an, der am meisten anzieht, oder wenn im Leben ein strenger Typus herrscht, so dass persönliche Eigentümlichkeit nichts gilt, fügt er sich der Sitte. Sodann hemmt ein Mangel an Widerstandskraft im einzelnen Menschen die Entwickelung der persönlichen Eigentümlichkeit. Jeder tritt dem andern auf mannigfache Weise in den Weg besonders in der engeren Gemeinschaft der Familie während der Zeit, in der die Bildung vollendet werden soll, weil in dieser Lebensperiode eine engere Lebensgemeinschaft notwendig ist. Giebt nun der Einzelne nach, wo er Widerstand findet, gegen den er kämpfend sich hindurcharbeiten möchte, so verliert er seine Eigentümlichkeit; sie verkrüppelt aus Feigherzigkeit oder Blödigkeit; gegen diese beiden Feinde muss die Entwickelung der Eigentümlichkeit ankämpfen (720 ff.).

Die grossen Gesichtspunkte für die sociale Seite der Erziehung.

Wir kommen jetzt zum universellen Moment der Erziehung, zu ihrer socialen Seite. Zuvörderst ist zu bemerken, dass Schleiermacher das Wort social kaum braucht, sondern immer universell dafür setzt; wenn hier dennoch vom Socialen geredet wird, so geschieht es deswegen, weil die Bezeichnung universell bei ihm dasselbe sagt, der Ausdruck social aber uns geläufiger und bezeichnender ist. Schleiermacher betrachtet den Zögling niemals als ein vereinzeltes Individuum, sondern als Glied eines Ganzen. Wenn die Erziehung des Menschen vollendet ist, so sagt er (701), müssen wir ihn doch irgendwo hinstellen; dieser sein künftiger Standpunkt ist schon bei der Erziehung zu berücksichtigen. Was soll die Erziehung in socialer Hinsicht aus dem Menschen machen? Diese Frage betrifft den Endpunkt der Ausbildung. Setzte das Suchen nach dem Anfangspunkte des Entwickelungsprocesses, wie der Mensch gegeben werde, die Anthropologie, Psychologie und Physiologie voraus, so fordert uns die 2. Frage die ganze Ethik ab, denn das Einwirken auf die jüngere Generation, dass diese möglichst frühzeitig den menschlichen Beruf fördere, ist ein Theil der allgemeinen sittlichen Aufgabe, also ein rein ethischer Gegenstand. Und sowohl theoretisch wie practisch angesehen, besteht 'ein inniger Zusammenhang zwischen Pädagogik und Ethik, erstere ist eine an letztere sich anschliessende Kunstlehre, zugleich eine Probe auf die Richtigkeit der Ethik, da die Wahrheit eines ethischen Systems sich nur aus der Aufstellung einer Methode für dessen Realisierung erweist. Die Pädagogik hat also nachzuweisen, dass die Einwirkungen der älteren Generation auf die jüngere, durch welche die Forderung der Ethik inbezug auf die sittliche und intellectuelle Vervollkommnung realisiert wird, wirklich gesetzmässige und natürliche sind. Nun haben wir aber keine allgemeingültige ethische Wissenschaft, die Systeme der Sittenlehre gehen weit auseinander; bald wird z. B. gesagt, der Staat ist das wahrhaft Organische, der Inbegriff aller sittlichen Anstalten, bald der Staat ist ein notwendiges Uebel. So kann denn die Pädagogik bei der Unfertigkeit der Ethik nur auf der Einsicht vom Sittlichen beruhen, welche in einem bestimmten Gesamtleben, für das die Pädagogik gegeben wird, im Einzelnen und Grossen gerade vorhanden ist (11, 38, 42). Wenn in einem gesellschaftlichen Ganzen manches für gut gehalten wird, was in einem andern nicht dafür gilt, so kann, wenn das jüngere

Geschlecht nach dieser Einsicht erzogen wird, dies nicht als Fehler der Erziehung gelten, ist vielmehr ein Fehler der sittlichen Einsicht. So kann also die Pädagogik, solange die Ethik nicht zur Vollkommenheit gelangt ist, nur für das Gebiet einer bestimmten sittlichen Einsicht aufgestellt werden und wird sich nach dieser modificieren. Je vollkommener diese ist, je mehr der Idee des Guten entsprechend, desto vollkommener wird auch die Theorie der Erziehung. Indessen muss Schleiermacher zugeben: mag auch die sittliche Einsicht im Einzelnen wandelbar sein, so tritt doch diese Wandelbarkeit im Grossen mehr zurück; mag auch die wissenschaftliche Ethik noch nicht eine klare und gewisse Auskunft über die verschiedenen sittlichen Lebensgebiete und deren gegenseitiges Verhältnis geben können, so ist doch das Bestreben, diese sittlichen Verhältnisse wissenschaftlich zu gestalten, eine Gewährleistung für die Wahrheit und Notwendigkeit der Aufgabe. Dass für die sittlichen Lebensgebiete, Staat, Kirche, Wissenschaft und Familie erzogen werden soll, ist nicht zweifelhaft, ebensowenig dass man danach trachten muss, die sittlichen Gemeinschaften der Idee des Guten gemäss zu gestalten; wenn sie dieser Idee entsprechen, werden sie trotz ihrer Verschiedenheit übereinstimmen (42).

Nun ist die Bestimmung des Menschen, die Welt in sich aufzunehmen und sich in der Welt darzustellen (620); die sittliche Aufgabe in ihrer Totalität ist die vollendete Herrschaft des Geistes über das Fleisch, der Vernunft über die Natur, fortgehende Organisierung der rohen gefühllosen Materie durch den vernünftigen Menschengeist, Entdeckung und Nutzbarmachung der Naturkräfte. Darauf gehen alle Erfindungen auf dem Gebiet der Technik, alle Fortschritte in der Bodenkultur, alle Errungenschaften in Wissenschaft und Kunst im letzten Grunde hinaus. Der Mensch ist zum Herrn der Schöpfung eingesetzt, soll dadurch, dass er die Erde beherrscht und bildet, das göttliche Gesetz auf ihr vollenden. Dies gehört ganz wesentlich zum Ebenbilde Gottes. Die Erzeugnisse der Natur soll er verschönend umbilden durch Fleiss und Kunst, alles Tote dem Leben einverleiben, alles Geistlose der Vernunft unterwerfen, es mit ihr durchdringen (11,622). Das Endziel ist das völlige Organisiertsein der Natur durch die Vernunft und das völlige Symbolisiertsein. Zu dem Zweck stellt Schleiermacher gemeinschaftliches Handeln aller zur gegenseitigen Ergänzung als sittliches Postulat auf;[1]) der sittliche Process vollzieht sich durch

---
[1]) Vergl. J. G. Fichte System der Ethik I, 279.

die Totalität aller menschlichen Persönlichkeiten in ihrer individuellen Besonderheit. An der Bildung des höchsten Gutes d. i. der Totalität aller sittlichen Güter arbeiten alle in der Besonderheit ihres sittlichen Berufes mit, so lässt sich die sittliche Bildung der Persönlichkeit nicht trennen von der Herstellung des höchsten Gutes; der sittliche Character bildet sich nur in der Gemeinschaft und in der Richtung auf einen bestimmten Beruf. In dem Masse, als der Einzelne in der Gemeinschaft aller Einzelnen seinen sittlichen Beruf, der ein Teil des sittlichen Berufes der Menschheit ist, ausübt, arbeitet er an der Verwirklichung des höchsten Gutes. Und in dem Masse, als das höchste Gut durch die Gemeinschaft aller produciert wird, muss auch die Tugend im Einzelnen sich steigern und seine persönliche Bildung sich vollenden.[1])

Die höchste Entwickelungstufe des menschlichen Bewusstseins ist, dass der Einzelne in der Einheit der menschlichen Gattung zur Erkenntnis seiner Dignität als Vernunftwesen gelangt, seine dadurch bedingte überlegene Stellung gegenüber der bewusstlosen Natur im bildenden und darstellenden Handeln zur Geltung bringt. Demgemäss hatte schon die Psychologie das Sittliche darin gefunden, dass der Mensch als Träger der in allen identischen Vernunft sich der bewusstlosen Natur gegenüber lediglich activ verhält. So gilt auch der Ethik das Vernunfthandeln als das Wesen des sittlichen Processes. Subject des Vernunfthandelns ist der Mensch oder eigentlich die Menschheit; denn in einzelnen Menschen ist die Vernunft weder vollständig noch rein. Sein Handeln wird daher trotz der zu fordernden universellen Tendenz doch immer auch ein individuelles Gepräge an sich tragen. Ja es gehört, wie insbesondere die Monologe betonen, wesentlich zur sittlichen Aufgabe, dass die allgemeine Vernunft in jedem eine individuelle Darstellung findet, und dass jeder nach Massgabe seiner Individualität, die Organ und Symbol der Vernunft zugleich ist, an dem allgemeinen Kulturprocesse teilnimmt. Und zwar wird darauf gerechnet, dass der letztere alle individuellen Kräfte gleichmässig in Bewegung setzt; denn es handelt sich bei der sittlichen Aufgabe darum, dass die ganze Vernunft in der Totalität der Natur zur Ausprägung komme. Indem aber der einzelne Mensch in seiner individuellen Bestimmtheit an diesem Processe teilnimmt, findet er zugleich seinen sittlichen

---

[1]) Vergl. zu diesen und den folgenden Ausführungen Bender, Schleiermachers Theologie S. 144.

Beruf und arbeitet durch Verwirklichung der sich aus diesem ergebenden Pflichtbegriffe an seiner eigenen Sittlichkeit oder Tugend.[1])

Das Kind ist also in eine staatliche, gesellige, kirchliche und sprachliche Gemeinschaft hineingeboren, daraus ergiebt sich als Erziehungsaufgabe: es für die eigentümliche Beschaffenheit dieser verschiedenen grossen Lebensgemeinschaften und für die Anforderungen, welche sie an ihre Mitglieder stellen, auszubilden: den Menschen als ihr Werk an das Gesamtleben abzuliefern. Auf diese Weise setzt uns Schleiermacher sofort in einen bestimmten Zustand hinein, und wir werden ihm Recht geben müssen, wenn er erklärt, die Theorie ist die beste, die zwar immer anknüpfend an das Bestehende, an die gegebenen Verhältnisse doch auch zugleich dem natürlichen, sicher fortschreitenden Entwickelungsgang entspricht. Jede andere Theorie, die auf die Verhältnisse keine Rücksicht nimmt, würde in der Luft schweben (207, 701).

Die Theorie der Pädagogik soll nicht rein empirisch, aber auch nicht rein speculativ sein, d. h. alle Regeln aus dem Begriff der menschlichen Natur ableiten. Das Speculative muss der Theorie zu Grunde liegen, da die Frage, wie der Mensch erzogen werden soll, nicht anders als aus der Idee des Guten beantwortet werden kann, daneben aber steht der Zustand, in dem die Pädagogik den zu Erziehenden findet, und der Zustand, für welchen er zu erziehen ist.

Zuerst stellt der Staat Anforderungen; welches Recht hat er, bei der Erziehung seinen Einfluss geltend zu machen, und welche Pflichten hat er dem Individuum gegenüber zu erfüllen? Ursprünglich gehört die Bildung der Kinder zum Hauswesen, gebührt den Eltern, das Kind ist ihr Eigentum und muss ihrem Einfluss möglichst überlassen bleiben. Aber die Familie, selbst die beste, kann der Aufgabe der Erziehung nur mangelhaft nachkommen, wenn man nicht zum alten Kastenwesen zurückkehren will. Der Staat und das öffentliche Leben könnte mit der häuslichen Erziehung nur dann zufrieden sein, wenn die Familien in vollständiger Harmonie mit dem Geist des Gemeinwesens ständen, wenn Gesinnung und Fertigkeit nicht nur gleichzeitig entwickelt, sondern auch gegenseitig durch einander bestimmt würden. Denn das Interesse des Staates zielt auf ein Doppeltes, zunächst den Gemeingeist, die Uebereinstimmung des

---

[1]) Vergl. Psychologie 230 ff. Grundriss der phil. Ethik 38 ff; Entwurf ein. S. der Ethik S. 85 ff: 116 ff.

Einzelnen mit der bestimmten Form des öffentlichen Lebens zu wecken, ohne ihn kann der Einzelne kein nützliches selbstthätiges Glied sein, kein patriotischer Bürger. Sodann braucht der Staat aus der Masse des Volkes solche, die zu Werkzeugen der Regierung angestellt werden können, diese müssen eine bestimmte Bildungsstufe erreicht haben und gewisse Kenntnisse besitzen; weiter muss er fordern, dass in der jüngeren Generation die Totalität aller der Fertigkeiten ausgebildet werde, die zur Erhaltung des gemeinsamen Lebens im Staate erforderlich sind, dass jeder irgend einen Teil der Aufgabe der Gesellschaft lösen könne (165, 173, 187, 527, 701f). Nun kann der Staat voraussetzen, dass die häusliche Erziehung diesen Anforderungen nicht entspricht, in diese Lücke muss er treten, dadurch dass er Lehrer ausbildet, die im Einvernehmen mit den Eltern die Erziehung leiten.

Doch kann der Fall eintreten, dass die Regierung die Ausbildung der Jugend fast allein in die Hand nehmen muss einerseits, wenn es den einzelnen Familien unmöglich ist, auf die Erziehung die notwendige Kraft, Zeit und genügende Mittel zu verwenden, andererseits, wenn das Familienleben in sittlicher Beziehung aufgelöst oder das häusliche Leben verderbt ist, oder wenn es darauf ankommt, eine höhere Potenz der Gemeinschaft und des Bewusstseins derselben zu stiften[1]) (712). Annäherung an diesen Zustand finden wir in der Praxis in Sparta, in der Theorie in der platonischen Republik. Oft erwacht allerdings ein Volk nur dadurch aus langer Dumpfheit und Roheit, dass eine öffentliche staatliche Erziehung in dem jüngeren Geschlecht die erwünschten höheren Kräfte aufzuregen sucht, die das ältere Geschlecht auf dem gewöhnlichen Wege der häuslichen Erziehung deshalb nicht zu erwecken vermag, weil sie in ihm selbst nicht vorhanden oder erstorben sind. Alles wird (auch wiederum nach einem Ausspruch Süverns, des Zeitgenossen Schleiermachers, aus dem Jahre 1813) der Staat in und mit seinen Bürgern erreichen können, wenn er sorgt, dass sie alle in Einem Geist von Jugend auf für seine grossen Zwecke, deren Gegenstand ja ihre eigene Gesamtheit ist, gebildet, dadurch zugleich schon früh innerlich consolidiert werden[2]). Es ist wohl kaum zu leugnen, dass die damaligen politischen Zustände von Einfluss auf diese Gedanken Schleiermachers gewesen sind;

---

[1]) Vergl. Abhandlung über den Beruf. des Staates zur Erziehung, 1814 S. 246.

[2]) Vergl. Ziegler: Geschichte der Pädagogik. S. 305.

seit 1806/07 kam es zum Bewusstsein, dass die Pflege der Vaterlandsliebe in dem heranwachsenden Geschlecht eine heilige pädagogische Pflicht sei, dass zur Bildung eines kräftigen nationalen Lebens das beste oder vielmehr das einzige Mittel eine tüchtige Erziehung in nationalem Sinn sei, damit das deutsche Volk sich von der Fremdherrschaft frei mache und sein eigentümliches Wesen je mehr und mehr kräftig bethätige zum Heil und Segen der Menschheit.

In gewissen Zeiten also und unter bestimmten Umständen, besonders wenn dem Erziehungswesen ein neuer Schwung gegeben werden soll, findet Schleiermacher einen thätigen Anteil des Staates an der Erziehung des Volkes rechtmässig begründet, doch will er diesen Zustand durchaus nur als Uebergangszeit betrachtet wissen; „Der Staat soll in Fragen der Erziehung nicht allmächtig sein. Je mehr es unter einem Volk ein öffentliches Leben giebt, je weniger daher die Regierung das Volk bevormundet, um so mehr wird sie sich in Beziehung auf das Erziehungswesen passiv verhalten können." Er erklärt es für das heilsamste, wenn sich Staat, Kirche, Communen, Familie und wissenschaftlicher Verein in das Erziehungsgeschäft teilen (190 f., 529). Denn weil die Ausbildung der persönlichen Eigentümlichkeit nicht das vorherrschende Interesse der grossen Gemeinschaften ist, sondern das Tüchtigmachen für die Lebenskreise, so wäre bei einer rein öffentlichen Erziehung zu besorgen, dass diese Rücksicht ganz zurückträte. In der Privaterziehung wiederum würde die Tendenz auf Entwickelung der Individualität das dominierende sein, die Richtung auf das Allgemeine zurücktreten. Die Privaterziehung allein könnte vortrefflich sein, wenn die verschiedenen grossen Gemeinschaften der Uebereinstimmung aller organischen Teile, aller Familien mit dem Ganzen sicher sind, und die Ueberzeugung allgemein ist, dass die Erziehung, die hier ganz auf der vollkommenen Ausbildung der persönlichen Eigentümlichkeit beruht, mit dem Princip des Gesamtlebens in Einklang steht, dass jede Familie die Eigentümlichkeit zum Dienst der Gesellschaft entwickelt. Andererseits könnte die Erziehung eine rein öffentliche sein, wenn die Familien überzeugt sein könnten, dass der Staat auch die Eigentümlichkeit ausbildet. Da beide Fälle nicht gesetzt werden können, weil das eine so unwahrscheinlich wie das andere ist, so erklärt Schleiermacher es für das Heilsamste, dass sich die grossen Lebenskreise in die Erziehung teilen (190 f., 710 ff.). Dabei bleibt es Pflicht derselben, die Individualität des Einzelnen nicht zu unterdrücken, noch das Volk als Ganzes gegen die übrige Menschheit abzuschliessen und in strenger Weise zu vereinzeln. Staat und Kirche dürfen nie das Ziel der menschheitlichen Entwickelung, die Darstellung der Völkerfamilie aus den Augen verlieren. — Neben dem Staat hat die Kirche das Recht der Mitwirkung bei der Erziehung und stellt gewisse Forderungen. Nationale Bildung ist noch nicht das höchste Ziel, die menschliche Natur vollendet sich erst in der Religion, wenn die nationalen Eigentümlichkeiten durch diese religiösen und sittlichen Ideen des Christentums verklärt werden. In der Religion, in der Kirche findet der Einzelne Raum zur vollen Entfaltung seiner Individualität, hier kann sich zugleich der sociale Sinn in einer Thätigkeit nach aussen wirksam erweisen. Das ganze Gebiet der Jugendbildung hat die Kirche nie zu beanspruchen, das sei gegenüber ultramontanen oder ultraprotestantischen Forderungen hervorgehoben. Sie hat für Pflege und Pflanzung der religiösen Gesinnung, für lebendige Teilnahme eines jeden an ihrem Leben zu sorgen, sie fordert lediglich religiöse Gesinnung abgesehen von den allgemeinen Fertigkeiten. Sie wünscht insbesondere, dass die jüngere Generation mit Verständnis an der Darstellung des religiösen Gesamtlebens im Gottesdienste teilnehmen kann (167, 182 ff, 207). Doch was versteht Schleiermacher überhaupt unter Religion?[1]) Sie ist ihm Sinn und Geschmack für das Unendliche, für den hohen Weltgeist, für das Universum oder das Weltganze, ist der Sinn des Menschen für seines eigenen Wesens innerste Tiefe, die Gemeinschaft zwischen ihm und dem Urwesen, das unmittelbare Bewusstsein der Gottheit, wie wir sie finden ebenso sehr in uns selbst als in der Welt. Religiös, fromm ist danach derjenige, welcher die Gottheit unmittelbar gegenwärtig hat in seinem Gefühl, welcher dem Thun und Treiben der Menschen nachforschend in allem, was sie im Grossen, sei es absichtslos, sei es mit Bewusstsein schaffen und bilden, den göttlichen Ursprung erkennt und die Wirksamkeit des göttlichen Geistes, der dem Menschen inne wohnt. Solche Gesinnung christlicher Frömmigkeit glaubt Schleiermacher von jedem Einzelnen und von jedem Hauswesen fordern zu können, „dann entwickelt sich der christliche Gemeingeist, der einen anziehenden Einfluss auf die übrigen besonders die jüngere Generation ausübt, der alle unsichtbar umschlingt als ein festes Band."

---

[1]) Das Folgende nach den Reden und Monologen. Vergl. auch Bender.

Es ist auch ein Teil unserer sittlichen Aufgabe dafür zu sorgen, dass dies Gesamtleben in der Kirche ebenso von einem Geschlecht auf das andere fort und fort erhalten werde, wie das Gesamtleben im Staat (13). Die kirchliche Gemeinschaft als solche verlässt sich auf die Familie, diese muss der Träger der christlichen Gesinnung sein. Nun wird jedes Kind mit der religiösen Anlage geboren, sie ist also und regt sich in jedem, infolge dessen soll ihrer selbständigen Entwickelung wie der jeder andern Anlage nichts in den Weg gelegt, sie vielmehr auf alle Weise gefördert werden (592). „Sobald aber der heilige Funke der Religion in einer Seele aufglüht, angefacht von dem sie umgebenden Geist in Haus, Schule, Kirche und öffentlichem Leben, breitet er sich zu einer lebendigen Flamme aus." Doch wird in den meisten Fällen ein Supplement der Familienerziehung nötig sein, die Kirche bietet es dar: sie wahrt sich das Recht und übt als Pflicht, die Kinder zur sonntäglichen Katechese und zum Konfirmanden-Unterricht zu sammeln. Sie sucht vor allem die Schrift verständlich zu machen, denn im christlichen Gottesdienst als Darstellung des religiösen Gesamtlebens ist das Zurückgehen auf die Schrift unerlässlich, weiter die Kenntnis der geschichtlichen Entwickelung. Darin besteht notwendig der Anteil der Kirche an der Erziehung, die jüngere Generation soll verstehen können, was im Cultus vorkommt, um regen Anteil an der Darstellung des religiösen Gesamtlebens nehmen zu können (182 ff.). Im übrigen wirkt die Kirche indirekt durch die Familie, indem sie den Eltern vor allem 3 Grundsätze einprägt:[1]) Ihr Väter, erbittert eure Kinder nicht, dass sie nicht scheu werden. Ihr Väter, reizet eure Kinder nicht zum Zorn, sondern ziehet sie auf in der Zucht und Vermahnung zum Herrn. Ihr Kinder, seid gehorsam euren Eltern in dem Herrn, denn das ist billig. Ehre Vater und Mutter, auf dass dir's wohl gehe und du lange lebest auf Erden.

Interessant ist, was Schleiermacher über die Notwendigkeit der Religion für die vollkommene Darstellung der Individualität sagt: die Harmonie des menschlichen Wesens geht verloren, wenn sich der Mensch, ohne zugleich Religion zu haben, irgend einer einzelnen Richtung, und wäre es die herrlichste, hingiebt. Der bestimmt Beruf ist nur gleichsam die Melodie seines Lebens, und es bleibt bei einer dürftigen Reihe von Tönen, wenn nicht die Religion jene in unendlicher, reicher Abwechselung begleitet und so den einfachen Gang zu einer vollstimmigen prächtigen Harmonie

---

[1]) Vergl. Schleiermachers 3 Predigten über Kindererziehung.

erhebt. Traurig, wenn Menschen ohne Christentum entlaubt und kränkelnd an der Erde kriechen, der lebendigen Thätigkeit unter den Menschen abgestorben, gleichgültig gegen alles Grosse und Herrliche in der Religion! Er erklärt es für eine Einseitigkeit und eine eingebildete Vollkommenheit, wenn man sagt, dass der völlig in sich gebildete Mensch einer solchen Gemeinschaft nicht bedürfe und für sich allein bestehen könne [1]). Soviel über Recht und Pflicht der Kirche inbezug auf die Jugenderziehung.

Weiter ist das Kind für den freien geselligen Verkehr zu erziehen. Er repräsentiert nach Schleiermacher zunächst den Kosmopolitismus, den Gedanken des Verbandes der Kulturvölker gegenüber dem Gemeingeist des einzelnen Volkes, welcher das Interesse des Staates ist. Unter Kosmopolitismus versteht er nicht die Totalität der menschlichen Gesellschaft, sondern den bestimmten Staatenzusammenhang, den besonderen Kreis, innerhalb dessen sich wirklich schon eine über den einzelnen Staat hinausgehende Gemeinschaft gebildet hat. Weil dieser gesellige Verkehr die Communication der Völker erstrebt, muss er auf Erlernung der Sprachen dringen, woran Kirche und Staat als solche kein Interesse haben (198 ff.).

Dann versteht Schleiermacher unter dem freien Verkehr das gesellige Leben, das Gebiet der unmittelbaren persönlichen Einwirkungen, in dem es jeder mit jedem zu thun hat. Jeder kann in dieses Gebiet hineingezogen werden, selbst der Fremde: es fordert von dem Einzelnen eine Menge von Talenten und Fertigkeiten. Der Sinn für das Anmutige und Schöne nicht als aufnehmend, sondern als productiv gedacht, ist das eigentümliche Princip auf diesem Gebiet. So viel gilt jeder an und für sich im geselligen Leben, als er diesen Sinn hat. Es ist aber gerade dasselbe auch in der Familie etwas Constantes und Notwendiges; wie in der Familie der religiöse und bürgerliche Gemeingeist eine Stätte haben muss, so darf auch das Schöne und Anmutige ihr nicht fehlen. Aus solchen Familien wird aber jedesmal das gesellige Leben in seiner sittlichen Gestalt am meisten hervorgehen, in denen jenes Princip ein constantes geworden ist (168 f.; 703 f.).

Welch grosses Gewicht Schleiermacher auf den geselligen Verkehr legte, und wie hoch er seinen Wert anschlug, zeigte er im Leben [2]) und in seinen Briefen. Gern öffnete der gastfreie

---

[1]) Anfang der 4. Rede.
[2]) Vergl. Dilthey: Schleiermachers Leben. Berlin 1870.

Professor bei durchaus nicht bedeutenden Einnahmequellen die Pforten seines Hauses, um Freunde und alle solche bei sich zu sehen, denen das Glück einer edlen Häuslichkeit noch nicht oder nur mangelhaft zu teil geworden war. Sein Haus war Mittel- und Sammelpunkt gleichgesinnter und gleichgestimmter Künstler, Gelehrten u. s. w. Es beherrschte ihn bis an sein Lebensende das unstillbare Verlangen, Menschen kennen zu lernen, sich an sie anzuschmiegen, von ihnen zu empfangen, aber auch ihnen mitzuteilen, sie zu fördern. Er wollte durch seinen Verkehr emporziehen, bilden, veredeln und vertiefen, die Anschauungen und Interessen erweitern. Besonders viel hatte er für empfindsame gebildete Frauen übrig, eine ganze Gallerie schöner Frauenseelen lernen wir aus seinen Briefen kennen; die Unmittelbarkeit ihres Empfindens, ihre reiche Phantasie zog ihn besonders an, nur durch Kenntnis des weiblichen Gemütes meinte er die des wahren menschlichen Wertes gewonnen zu haben; der Frauen bildenden und veredelnden Einfluss auf Herz, Leben und Sitte stellte er mit Recht sehr hoch. Wie wahr ist auch für unsere Zeit, was er schreibt: „Das gegenwärtige Geschlecht, nur um die Vermehrung der Mittel des äusseren Verkehrs bekümmert, vernachlässigt schnöde die Mittel einer edlen Geselligkeit, durch welche die Gemüter sich auffinden, damit durch den Austausch der eigentümlichen Kräfte ihr inneres Leben gedeihen könne, und das Herz dem Herzen sich nähere." Dabei war Schleiermacher frei von dem Banne conventioneller Oberflächlichkeit und Nichtigkeit, war ein Feind des überlieferten Formenwesens, der gesellschaftlichen Phrase, der nichtssagenden Complimente, worauf sich damals wie heute der gesellschaftliche Verkehr unzähliger Gebildeten beschränkt, weil sie nicht darnach trachten, andere Individualitäten und Anschauungen kennen zu lernen, sich selbst zu vervollkommnen und zu vertiefen, sondern höflich, kalt und lieblos an einander vorübergehen. Solcher Geselligkeit spricht er den Wert ab; diesem „Tand des Lebens, dieser komischen Kleinheit der Welt" gegenüber mahnt er an einem jeden Menschen, den Beruf, Amt und Leben zuführt, den Versuch zu machen, ob es nicht gelingt, den geistigen Funken in ihm zu wecken, den Schatz, der in jedem Herzen ruht, zu heben und ihm den Anstoss zu einer neuen, ewigen Bewegung zu geben, dass auch er wieder andern etwas sein könne. „Der bildende Einfluss auf das Leben und Gemüt anderer muss uns ein unentbehrlicher Bestandteil des Lebens werden"; dann dient auch das gesellige Leben der Bewährung der individuellen und socialen Erziehung und rückwirkend der Vervollkommnung der Individualität, indem man sich selbst in seiner Eigentümlichkeit und in seiner Verschiedenheit von ihnen erkennt, von ihnen empfängt und dadurch für die eigene Individualität gewinnt. Anfangs soll das gesellige Leben für die Kinder gleich Null, der Einfluss des Familienlebens ausschliesslich sein. In dem Grade als sich der Gemeingeist, die politische Gesinnung entwickeln soll, muss sich das gesellige Leben erweitern, in ihm erscheint der Staat der Jugend in der Art, wie alle von demselben afficiert sind. Um die Notwendigkeit zu erweisen, zeigt Schleiermacher, wie gross bei uns z. B. noch das Kastenwesen ist. Die Nachkommen treten, wenn das gesellige Leben so beschränkt ist, dass nichts anderes, als was dem Beruf des Hausvaters analog ist, zur Kenntnis der Kinder kommt, in das Geschäftsleben der Väter ein infolge des Mangels der Kenntnis anderer Berufsarten. In jeder Beziehung aber zeigt es sich als wohlthätig, wenn der Uebergang in einen andern Stand nicht gehemmt, das Kastenwesen verringert wird. Das beste Mittel dazu ist die Erweiterung des geselligen Verkehrs; das öffentliche Leben muss sich in der Familie abspiegeln und aussprechen, nur dadurch entsteht Teilnahme an den verschiedenen Berufsarten und Bestimmtwerden durch einander. Doch darf das Bewusstsein der Jugend von ihrer Abhängigkeit und Ungleichheit den Erwachsenen gegenüber nicht aufgehoben werden, sonst verliert die Jugend ihren echten Standpunkt, daher wird sie hier nur receptiv, anschauend, hörend, nicht selbstthätig sein können (236 ff., 569).

Das 4. grosse Gebiet endlich, die Wissenschaft, verlangt, dass durch die Erziehung auch auf sie selbst, auf das gemeinsame Erkennen hingearbeitet werde. Das Gebiet der Erkenntnis teilt sich in zwei Seiten: zuerst die Richtung auf das Erkennen rein an und für sich, dies kann man die wissenschaftliche Gesinnung nennen, und sodann bestimmte Fertigkeiten, da alle Kenntnisse nur das Resultat von Fertigkeiten sind. Die wissenschaftliche Gesinnung kann nicht von allen verlangt werden; es genügt, wenn sie in einigen so kräftig ist, dass diese den gehörigen Einfluss ausüben (166 f., 101).

Die Wissenschaft nun ist von besonderer Bedeutung, Schleiermacher sieht sie an als oberste Instanz in allen Conflikten der übrigen sittlichen Sphären. Es kommt bei der Erziehung alles darauf an, dass Familie, Staat, Kirche in Uebereinstimmung ihren Einfluss auf die jüngere Generation ausüben; tritt eine Trübung in ihrem gegenseitigen Verhältnis ein, wird das ganze Erziehungswesen gehemmt. Da giebt es nun nichts, was den Streit besser schlichtet, als die Erkenntnis, die Wissenschaft: sie ist daher ein wesentliches Element der menschlichen Gesellschaft; nur von ihr erwartet Schleiermacher die Ausgleichung der Differenzen, die inbezug auf den Anteil an der Erziehung zwischen den verschiedenen Lebensgemeinschaften entstehen. Diese Aufgabe kann sie aber nur erfüllen, wenn der Staat so unparteiisch ist, dass er nur den Fortgang der Entwickelung und der Tradition beschützt, sich jeglichen Einflusses, jeder parteiischen Pflege einer bestimmten Gestaltung der Wissenschaft enthält, sie frei, ruhig und sicher ihren Gang gehen lässt. Dann erhält er sich und dem Ganzen das Mittel der Ausgleichung aller Missverständnisse. Ebenso muss die Kirche die Wissenschaft sich frei entwickeln lassen (200 ff.).

Das ethische Ziel der Erziehung ist also, dass der Mensch in diesen vier Sphären der Gemeinschaft seine Stelle einnehme und für jede derselben etwas sein könne (704). Da aber die Gestaltung dieser verschiedenen Gebiete überall auch eine verschiedene ist, so leuchtet wohl ein, dass es eine allgemeingültige Pädagogik nicht geben kann, sie würde nur möglich sein in einem idealen allgemeinen Staat, sie müsste alles Positive und Geschichtliche für zufällig erklären. Verschiedenheiten in der Verfassung des Gemeinwesens, die sittliche Einsicht der jeweiligen Gesellschaft, bestimmte Kulturaufgaben, die ein Zeitalter zu lösen hat, nationale Ideen, die ein Volk bewegen, Staatsinteressen, die eine Regierung verfolgt, werden stets von wesentlichem Einfluss auf die Erziehung und ihre Ziele sein. — [1].

Aber wie ist nun die jüngere Generation für diese Lebensgemeinschaften zu erziehen? Der Zögling soll in Aehnlichkeit mit dem grossen Ganzen, dem er angehört, erzogen werden, aber nur in Aehnlichkeit, denn die Menschheit ist jeder Zeit in unvollkommenem Zustande, sie soll allmählich durch die Thätigkeit der Generationen immer vollkommener werden [2]. Würde nun die heranwachsende Jugend so ausgebildet, dass sie tüchtig und geeignet wäre für den Staat, wie er augenblicklich ist, so würde damit nur die Unvollkommenheit verewigt und keine Besserung herbeigeführt; die Erziehung hätte nichts geleistet als höchstens Zufriedenheit mit dem Bestehenden, es bliebe der „Schlendrian auf jedem Gebiete", die jüngere Generation würde eine Abspiegelung von der sittlichen Unvollkommenheit der

---

[1] Dies sei hervorgehoben gegen den Vorwurf der Herbartianer, dass Schl'. Pädagogik der Allgemeingültigkeit entbehre.
[2] Vergl. zu diesem und dem Folgenden: Schl. Erziehungslehre. 48, 71, 708.

älteren darstellen, die Unvollkommenheit käme durch Nachahmung in sie hinein. Nun soll aber die Erziehung vor allem dem Steigen der folgenden Generation dienen, die letztere auf die Schultern der vorhergehenden stellen, die Entwickelung des Menschengeschlechts und des menschlichen Berufs auf Erden fördern. Jeder Stillstand wäre Rückschritt, bedeutete Sinken. Darum ist in den Zöglingen die Kraft und Freiheit zu entwickeln, dass sie den Unvollkommenheiten entgegenarbeiten können. Wollte man sie aber sofort mit diesen Mängeln der verschiedenen Gemeinschaften bekannt machen, so wäre das ein Missgriff, welcher die Jugend zu Naseweisheit, Altklugheit und Pessimismus leiten könnte, es kommt vielmehr darauf an, sie einerseits mit Anhänglichkeit an den Zustand, der augenblicklich herrscht, zu erfüllen, in ihnen Liebe zu dem Geschichtlich-gewordenen zu entwickeln, aber auf der anderen Seite in ihnen rein und bewusst die Missbilligung des Unvollkommenen in den sittlichen Lebensgebieten zu erwecken. Auch diese Missbilligung haben die betreffenden Erzieher nicht sogleich mitzuteilen, sondern das zu unterdrücken, wodurch eben jene Missbilligung in ihnen hervorgebracht ist, und dasjenige zu entwickeln, wodurch das Unvollkommene hinweggeräumt werden kann (81, 591, 706). So erwächst der Erziehung die Aufgabe, die Jugend gemäss den Anforderungen zu bilden, welche die Gesellschaft und die sittlichen Lebensgebiete an die in sie Eintretenden stellen, sie tüchtig zu machen, mit Verständnis das zu übernehmen, was sie vorfindet, das, was sie von den Vätern ererbt hat, nochmals zu erwerben, um es zu besitzen, aber auch sie geschickt zu machen, die nötigen Verbesserungen mit Kraft und Weisheit auszuführen, ihr hierzu eine möglichst hohe und vollkommene Bildung, die notwendigen Kenntnisse und Fertigkeiten zu verschaffen. Was Schleiermacher meint, hat Goethe treffend in die Worte zusammengefasst: „Festhalten am Alten mit Fleiss und Treue, daraus gestalten thatkräftig das Neue."

Schon hieraus geht hervor, in welch' engem Zusammenhang die Pädagogik mit der Politik steht, beide greifen auf das vollständigste in einander ein. Die Politik wird nicht ihr Ziel erreichen, wenn die Pädagogik nicht ein integrierender Bestandteil derselben ist. Die Lösung einer grossen politischen Aufgabe, ja jede wesentliche Förderung des menschlichen Lebens liegt in nichts anderem als der richtigen Organisation der Erziehung, sie bringt Heilung für die Gebrechen aller Sphären, sie ist das Princip, von dem die Realisierung aller sittlichen Vollkommenheit ausgeht. (12 f., 44 ff., 61, 591) Schleiermacher weist bei dieser Gelegenheit mit Recht auf Plato hin, der seinen ganzen Staat auf die Erziehung gebaut, so dass alles Uebrige, alle Verwaltung und Gesetzgebung eigentlich ganz hinter jene zurücktritt; er stellt die Regel auf: Wenn in einem Staate die Erziehung ordentlich organisiert ist, so braucht man sich um nichts weiter zu kümmern (Vergl. De re publ. IV. 423 f.).

Dieser Zusammenhang der Pädagogik mit der Politik tritt auf einem anderen Punkt noch mehr hervor. Schleiermacher legt den Unterschied zwischen Regierenden und Regierten fest, dieser Unterschied ist teils angeboren, teils angestammt, teils angeerbt, teils allmählich sich entwickelnd. Die Erziehung, die von keinem Kastengeist oder Standesvorurteil zwischen Geleiteten und Leitenden vom aristokratischen Princip aus beherrscht werden darf, soll der fortwährend sich ausbildenden Ungleichheit entgegenwirken, den socialen Ausgleich herbeiführen. Gleichmachend ist sie aber nur, insofern sie erhebend ist, die niedere Klasse der höheren nähernd, sie zu einer höheren Bildungsstufe emporhebend und heraufbildend. Es soll nach dem Kanon verfahren werden: die Erziehung hat der innern Kraft, die im Zögling sich entwickelt, zu Hülfe zu kommen, aber in Beziehung auf das, was in Folge dieser Entwickelung bewirkt wird, die äusseren Verhältnisse gewähren zu lassen, so jedoch, dass diese, sofern sie characterisiert sind als Zeichen der angestammten Ungleichheit, behandelt werden, als etwas, was allmählich verschwinden soll (63, 435 f.). Denn es würde eine frevelhafte Hemmung der menschlichen Natur sein und damit gegen die Idee des Guten streiten, die Erziehung so anzuordnen, dass sie die Ungleichheit gewaltsam festhielte. Es wäre unchristlich, der Entwickelung der Masse hindernd in den Weg zu treten, die grosse Menge nur als Maschine, nicht als lebendigen Teil des Ganzen zu behandeln, die niedern Klassen nur zum Gehorsam, nicht zur Freiheit und zum selbständigen Bewusstsein auszubilden, sie absichtlich von einer höheren Entwickelung zurückzuhalten, etwa zu verbieten, der Jugend, die zu einer andern Klasse gehört, gewisse Kenntnisse mitzuteilen. Das hiesse den einzelnen Menschen seinem Verhältnis zum Staat aufopfern (60 f., 380, 661). Es ist keinem etwas zu entziehen, und auch in die Volksschule darf kein hemmendes Princip kommen, dass man etwa sagen könnte: es giebt gewisse Thätigkeiten, die in dieser Periode geübt werden müssen, aber man darf sie nur da ausüben, wo einige aus der leitenden Klasse sind; man darf nie annehmen, dass keiner aus der leitenden Klasse da ist (365 f.). Niemandem darf die Möglichkeit genommen werden, in die leitende Klasse überzugehen. Bei der aufgestellten Theorie, dass jede Ungleichheit, die als angestammt angesehen wird, in der reinen Entwickelung der Idee des Staates immer mehr verschwinden muss, ist als Kanon festzuhalten: nichts, was wirklich zu erreichen möglich ist, soll um deswillen nicht geleistet werden, damit nur der Unterschied zwischen Leitenden und Geleiteten in einer gewissen Spannung bleibe oder gar sich noch steigere (381), das widerspricht sowohl der Idee des Guten als auch dem christlichen Princip, das eine gleiche Empfänglichkeit in allen voraussetzt und Gleichberechtigung fordert (58). Die Gegenstände des Unterrichts, in denen die bildende Kraft liegt, müssen für die Jugend der höheren und niederen Stände im wesentlichen durchaus dieselben sein 381).

Durch solche Anerkennung des allmählichen socialen Ausgleichs kann gefährlichen revolutionären Bewegungen im Staate vorgebeugt werden, ja damit sind nach Schleiermacher revolutionäre Zustände überhaupt unmöglich gemacht, denn alles Revolutionäre hat seinen Grund in der unrichtigen Organisation der Erziehung. Darum ist in der Pädagogik jede Umwälzung, welche den Zweck verfolgt, durch eine veränderte Form die Annäherung, ja die lebendige Berührung der Extreme in der Gesellschaft zu bewirken, mit Freuden zu begrüssen, sie trägt zum Steigen der Gesamtheit bei. Die Theorie soll und darf nie das Gegebene zum unumstösslichen Urbild machen, andererseits darf sie nichts aufstellen, was nicht einen Anknüpfungspunkt im Gegebenen findet, sonst bricht sie mit der Vergangenheit, sondern sie soll -- das ist die Regel -- dahin wirken, dass, wenn Verhältnisse eintreten, welche die Aufhebung der Unterschiede und der angestammten Ungleichheit begünstigen, dies dann auch möglich sei. Die Ungleichheit soll nie ein Werk der Erziehung sein, sie darf nicht willkürlich die Einzelnen auf verschiedene Stufen stellen, sondern muss die jüngere Generation frei sich entwickeln lassen (58, 212, 247, 381).

Eine grosse Ungleichheit wird trotz aller noch so weitgehenden humanen Bestrebungen und Verbesserungen der Lage bleiben, die Ungleichheit, welche sich als unvermeidliche Folge aus der natürlichen Verschiedenheit der Menschen ergiebt. Der verschiedene Grad von körperlicher und geistiger Begabung hat ein verschiedenes Gelingen ihrer wirtschaftlichen Bestrebungen und ihres Fleisses zur Folge wie bei den Kindern in der

Schule, so bei den Erwachsenen im Leben. Es giebt Menschen, denen kein eigener Impuls zugestanden werden kann, die für die Idee des Staates nicht empfänglich sind, keine Selbständigkeit und politische Capacität haben. Die hieraus folgende Ungleichheit hat also eine natürliche Grundlage, beruht auf dem Gewährenlassen der äusseren Verhältnisse, auf der ursprünglichen Anlage im Menschen, nicht auf Willkür oder Zwang, sie hängt von dem Einzelnen selbst ab, wird ihm aber nicht gewaltsam von der Erziehung aufgedrungen (57 ff., 212).

Diese sociale Ungleichheit ist nicht nur unvermeidlich, sondern auch segensreich für das wirtschaftliche Leben der Menschheit, ja die unentbehrliche Bedingung für das Gedeihen derselben, sie ist für die Gesellschaft einer der bedeutendsten Hebel, ohne sie würde die Neigung sich zu isolieren viel Spielraum gewinnen und kein Bedürfnis nach Gemeinschaft entstehen, sie ist auch nicht schädlich, wenn nur alle social denken und handeln. Der Stärkere, Begabtere muss für den Schwächeren, geringer Veranlagten mitarbeiten und mitdenken; das verlangt seine Stellung und Pflicht als Glied des Ganzen (427).

Wir haben jetzt noch den principiellen Punkt zu erörtern, den Schleiermacher mit „Aufopferung des Moments" bezeichnet (70, 598). Jede pädagogische Einwirkung, sei es nach der individuellen oder socialen Seite hin, ist auf die Zukunft berechnet, ihr Wert besteht in dem, was in der Zukunft daraus hervorgehen soll z. B. in Beziehung auf die sociale Seite: im Kinde ist noch gar kein Bewusstsein von Staat und Kirche, es kann also auch nichts wollen, was auf diese Lebensgebiete Bezug hat. In Beziehung auf die Entwickelung der Eigentümlichkeit tritt derselbe Fall ein: das Kind lebt ganz für die Gegenwart, nicht für die Zukunft, es kann also in jene Zwecke der Erziehung gar nicht eingehen, kein Interesse für sie haben. So stellt sich jede pädagogische Einwirkung dar als Aufopferung eines bestimmten Moments für einen zukünftigen, und es fragt sich: sind wir befugt, solche Aufopferung zu fordern? Schleiermacher behandelt diese Frage sehr ausführlich und kommt endlich zu dem Schluss: wir müssen einerseits, solange die Zustimmung auf den künftigen Moment auch Rücksicht zu nehmen, wegen des mangelnden Bewusstseins der Zukunft noch nicht gegeben werden kann, die Beziehung auf die Zukunft so setzen, dass der Moment für das Kind vollkommen ausgefüllt und befriedigt wird, indem wir alles meiden, was eben deshalb, weil es in den Moment nicht eingreift, das Widerstreben des Kindes erregen könnte, andererseits müssen wir dann, wenn die Zu-

stimmung des Zöglings erfolgt, und kein Widerstreben, auf die
Zukunft Rücksicht zu nehmen, entgegensteht, die Befriedigung
des Moments in dieser Zustimmung selbst erkennen.
Wenn wir das Gesagte überblicken, müssen wir bekennen,
es ist ein sehr hohes Ziel, das Schleiermacher der Erziehung
steckt, einerseits den Zögling tüchtig zu machen, dass er mit
freiem Blick das wirkliche Leben nach seinen verschiedenen
Seiten hin erfasst, in der Welt orientiert und mit der eigentümlichen
Beschaffenheit der verschiedenen grossen sittlichen
Lebensgebiete des Staates, der Kirche, der Wissenschaft und
des geselligen Verkehrs vertraut und zugleich imstande ist,
das Bestehende zu pflegen, den Unvollkommenheiten, die er
hier vorfindet, entgegenzuarbeiten, andererseits das Ausbilden
der freien Eigentümlichkeit, dass er mit der umsichtigen und
besonnenen Arbeit an der Aufgabe seines äusseren Lebensberufes
zugleich das Werk seiner eigenen Vervollkommnung, der
Ausgestaltung seiner Individualität gemäss der Idee des Guten
fördert (29, 43, 590, 719).

Individuelle und sociale Erziehung im einzelnen.

Das sind in grossen Zügen die allgemeinen Gesichtspunkte
für die individuelle und sociale Seite der Erziehung; wir wollen
nun sehen, wie sich nach Schleiermachers Ansicht die beiden
Momente im einzelnen zu einander verhalten sollen. Die gesamte
Erziehung teilt er in 3 Abschnitte, der erste umfasst
die Periode, während welcher die Ausbildung vollständig im
Innern der Familie beschlossen ist; der zweite umfasst die
mittlere Periode, die dadurch characterisiert ist, dass im Anfang
derselben die grossen Lebensgemeinschaften Einfluss gewinnen,
und dass während derselben die Selbständigkeit sowohl in Beziehung
auf die Weltanschauung als auch in Beziehung auf die
Actionen gegen die Welt sich insoweit entwickelt, dass das
Urteil des Zöglings über sich selbst als ein bestimmendes
Element aufgenommen werden kann; der dritte Abschnitt fängt
von dem Punkt an, wo der Einzelne sich mit denen, welche
die erziehende Generation repräsentieren, über seine künftige
Stellung verständigt hat, wo also bis zu einem bestimmten Punkt
die Selbständigkeit des Zöglings anerkannt ist. Es ist dies die
letzte Periode der Erziehung, in der die eigentlich pädagogische
Thätigkeit nur noch partiell ist, während der das pädagogische
Verhältnis allmählich in Null aufgeht (236). Der vierte Abschnitt

— so könnten wir in Schleiermachers Sinn noch hinzufügen — umfasst die Selbsterziehung, die Bildung in der Schule des Lebens, die Bewährung der individuellen und socialen Erziehung in den grossen Lebensgemeinschaften (236, 637).

Die erste Periode ist also die der reinen Familienerziehung, sie kann naturgemäss nur individuell sein und im Hause, in der Familie vor sich gehen, die zur Pflanzstätte des künftigen Geschlechts bestimmt ist, der Einfluss des geselligen Verkehrs ist noch möglichst zu unterdrücken, die Ansprüche der anderen Sphären gehen nur durch die Familie auf das Kind. Jedes Heraustreten aus diesem engen Kreis ist ein Uebergang, den man nicht zu früh machen darf (678, 236 f).

Die Erziehung fängt mit dem Leben selbst an, entfaltet sich aber erst allmählich, sie ist angewiesen auf das Individuum und seine Eigenart. Anfangs muss sich das Kind aus dem Allgemeinen, Chaotischen[1]) überhaupt zu etwas Besonderen entwickeln, es zerfliesst gewissermassen mit den Dingen, die es umgeben. Dieses Lebensstadium nennt Schleiermacher das chaotische oder auch das tierische, in dem Einheit und Vielheit unbestimmt in einander liegen. Das Eigentümliche arbeitet sich erst allmählich aus dem Universellen heraus. Dann hat man, was das innere Leben der Kinder betrifft, nichts zu thun als mitleben und leben helfen, nur zu verhindern, dass sie gestört werden, und dann wiederum sie zusehen zu lassen dem Wirken der Liebe, dem Frieden und der Eintracht der Eltern und der Regierung des Verstandes um sie her. Wer so nicht gut wird, dem ist gewiss auf keinem andern Wege etwas anzuerziehen oder etwas Böses auszutreiben. Diesem selben Gedanken giebt Schleiermacher in einem seiner Briefe[2]) folgenden schönen Ausdruck: „In einer wahren Ehe bei einem frohen unbefangenen Sinn und einem reinen Herzen voll Liebe, macht sich das Erziehen von selbst, da werden alle Kinder das Glück der Eltern sein, denn der gute Geist, der sie von Anbeginn angehaucht hat, wird auch in ihnen selbst fortleben; die Eltern müssen in fröhlicher Eintracht inmitten der heiteren, sorgenlosen Jugend ohne Erbitterung, Launen und Stimmungen leben, dann ist die Familie die beste Pflanzstätte für Liebe, Anhänglichkeit, Wohlwollen, Vertrauen und Ehrfurcht." Alles Künsteln in der Erziehung hat nach ihm seinen Grund zumeist in dem bösen Gewissen, dass man den Kindern zeigt und anzuschauen giebt,

---

[1]) Vergl. Bender Schl's. Theologie. S. 7.
[2]) Vergl. Briefe an H. v. Willich. Halle 1805, Keferstein S. 66 f.

was man nicht sollte. Darum gilt es für den Erzieher, ernst und streng alles zu verehren, was gross und heilig ist, nie Gefallen zu finden an frevelhaften Reden, wodurch die Achtung der Jugend für Heiliges und Wahres geschädigt werden könnte.

Im Uebrigen besteht die beste Abwehr gegen die abnorme Entwickelung des Einzelnen darin, dass man die in jedem Menschen angelegte Harmonie durch pädagogische Thätigkeit fördert und dadurch den im Menschen liegenden Keim zum Guten und Schönen unterstützt.

Was würde nun, fragt Schleiermacher weiter, die Entwickelung der Eigentümlichkeit begünstigen, wenn es keine absichtlichen Bemühungen gäbe? Er antwortet: Nichts anderes, als was die Basis der Erziehung selbst ist, die Lust und Freude an dem sich entwickelnden Leben; ist diese in der Umgebung des Kindes, so wird sich der Entwickelung der Eigentümlichkeit kein Hindernis entgegenstellen (725).

Fragen wir nun ebenso in Bezug auf die andere Hauptaufgabe der Erziehung, die Bildung des Menschen für die Gesellschaft, was hier geschähe, wenn es keine absichtliche Erziehung gäbe, so müssen wir antworten, dass eben dasjenige, was die individuelle Entwickelung hemmen würde, die universelle fördert. Der Nachahmungstrieb wird jeden in den Typus des gemeinsamen Lebens einführen und veranlassen diesen sich anzueignen. Die Blödigkeit wird sich als das Gefühl, wie wenig der Einzelne der Masse gegenüber ist, äussern und den Einflüssen anderer mehr Raum geben. Die Erziehung für die Gemeinschaft findet also schon hinreichend Anknüpfungspunkte vor, und es wird sich der Mensch, den unvermeidlichen und natürlichen Einflüssen überlassen, für die Gemeinschaft entwickeln, wenn sich nur die Erziehung bemüht, das in der Entwickelung der Persönlichkeit dem Hineinbilden in die Gemeinschaft Feindselige zurückzudrängen. Dies ist aber nichts anderes als das, was für sich masslos entwickelt, auch der persönlichen Eigentümlichkeit das Gepräge des Unsittlichen giebt, nämlich das egoistische, launenhafte, desultorische. Es ergiebt sich daher die Regel: Durch das Hervortreten der Eigentümlichkeit wird der Nachahmungstrieb zurückgedrängt, aber sofern er heilsam ist, darf er nicht ganz zerstört werden. Insoweit als dieser Trieb in die Gemeinschaft hineinbildet, wird die Entwickelung der persönlichen Eigentümlichkeit ihn gewähren lassen, in soweit er die Eigentümlichkeit hemmt, wird die Entwickelung der Bildung für die Gemeinschaft sein Zurücktreten zulassen und die individuelle Ausbildung gewähren lassen, denn der gemeinsame Typus muss alle Individualitäten in sich aufnehmen können. Das Selbstsüchtige und Launenhafte tritt dem gemeinsamen Leben am meisten entgegen, und was hiegegen anstrebt, das wird wiederum positiv für die Entwickelung des gemeinsamen Typus wirken (725 ff.).

Wir sind bisher von einer Gleichheit der Einzelnen in Beziehung auf die menschliche Natur ausgegangen, haben nur einzelne Abweichungen und Abstufungen constatiert; nun werden sich im Laufe der Erziehung bestimmte Anlagen zeigen. Wie soll sich der Erzieher ihnen gegenüber verhalten? Sie sollen nicht unterdrückt werden, denn dann wäre später eine Teilung der Berufs- und Geschäftsarten unmöglich gemacht, aber sie sollen auch nicht begünstigt werden, denn bei gleichmässiger Erziehung wird das stärkere Organ von selbst mehr wachsen als das schwächere, und weiter, je mehr einzelne Vermögen im Menschen zurückbleiben, um so abhängiger wird er. Diese Abhängigkeit ist zwar das intellectuelle Band der Geselligkeit, aber es giebt doch ein Mass, über welches man der Harmonie unbeschadet nicht hinausgehen darf, wenn der Mensch in seiner Unselbständigkeit nicht eine Missgestalt werden soll; ebenso macht eine einseitige Richtung der Talente und Anlagen den Menschen unvollkommen, es entsteht daraus Monstrosität. Der Zögling soll mit der Totalität des Stoffes bekannt werden auf dem Wege der allgemeinen Bildung. Das Allgemeine muss das erste sein, teils weil es hilft die Einheit in dem Bilde der Erziehung festzuhalten, teils weil das Besondere hernach daraus abgeleitet oder darauf zurückgeführt werden muss; die Erziehung soll das Chaotische in Ordnung, das Bewusstlose zum Bewusstsein bringen. Geht man der Neigung gleich nach, die völlig bewusstlos anfängt, so behält das Kind das Einzelne immer nur als Einzelner, und nicht als Repräsentant der Welt. Der Grundsatz also, welcher jeden Menschen unbeschadet seiner Neigung durch die allgemeine Bildung durchgehen lässt, ist allein der, welcher den Zögling selbst, seine Bildung zum Menschen zum Zweck hat. Diejenige Erziehung, welche sofort auf das Specielle ausgeht, — noch schlimmer, wenn es nicht durch Neigung bestimmt, sondern durch fremde Willkür gesetzt ist, braucht den Menschen nur als Mittel (599 f., 620, 700).

Doch nicht nur die Verschiedenheit der Anlagen, sondern auch die der Temperamente macht die Eigentümlichkeit aus. Schon in der ersten Zeit lässt sich diese Verschiedenheit nachweisen, und der Erzieher muss das Temperament der Einzelnen zu erkennen versuchen, um früh auf dasselbe wirken zu können.

Schleiermacher weist hier warnend darauf hin, dass jedes Temperament in seine besondere Art des Bösen ausschlägt, die wir überall unter den Begriff des Wahnsinns stellen müssen; das phlegmatische kann zum Blödsinn, das cholerische in Raserei, das sanguinische in Tollheit, das melancholische in Wahnsinn ausarten. Nun ist die Vernunft das zusammenhaltende Band, wie der menschlichen Natur im allgemeinen, so auch ihrer besonderen Modification im Temperament. Die Verbildung, das Anormale ist also nicht Manifestation des Temperaments, sondern der mit der Entwickelung des Temperaments nicht Schritt haltenden Entwickelung der Vernunft, des Missverhältnisses zwischen den einzelnen Lebensfunctionen und der Vernunft als der höchsten Einheit. Die Aufgabe der Erziehung wird also sein, das Temperament zu berücksichtigen und in seiner Entwickelung zu unterstützen, aber es auch gleichmässig mit derselben unter die Potenz der Vernunft zu stellen, jede Einseitigkeit, die sich zu erkennen giebt, in Schranken zu halten, damit die Eigenart nicht zur Unart werde. Zum Ideal des Weisen — darauf sei zuletzt noch hingewiesen — gehört nach Schleiermacher nicht, dass er in der Indifferenz der Temperamente, in Apathie lebe (120 f., 274, 617, 700).

Ferner entfalten sich in dieser Periode schon die Keime der religiösen und politischen Gesinnung; beides soll durchaus auf die Familie beschränkt sein. In ihr denkt sich Schleiermacher die Frömmigkeit als constantes Lebenselement, ihre Sache ist es, die Religiosität, die als inneres Princip im Leben überhaupt dem Menschen angeboren ist, zu pflegen und zu entwickeln. Den ersten Keim findet er in der Liebe zur Mutter, sie ist ein fremdes Dasein, von dem das Kind nur relativ getrennt, und welches zugleich Repräsentant alles Fremden ist. Es hiesse der Mutterliebe geradezu Gewalt anthun, wenn sich die frommen Gemütszustände den Kindern nicht mitteilen sollten: schon wenn die Mutter ihr Kind zur Ruhe legt, wird sie nicht leicht ohne religiöse Regung sein, und es kann nicht ausbleiben, dass sie diese dem Kinde mitteilt (164, 346, 551). Diejenigen Bemühungen und Einwirkungen werden die kräftigsten sein, die sich ganz an das anschliessen, was der Augenblick mit sich bringt: im Uebrigen sind die Einwirkungen innerhalb der Familie an die darstellende Mitteilung gebunden. „nur das in den einzelnen Familiengliedern lebendige und das die ganze Familie durchdringende religiöse Princip selber, wenn es sich unmittelbar darstellt, aus dem Innersten heraus der Jugend sich offenbarend, dann aber auch von dieser aufgenommen, kann wirksam sein". Die Persönlichkeit, die mit der vollen, ihr eigentümlich gewordenen Kraft der Liebe und Wahrheit dem Zögling gegenübertritt, ist und bleibt das wirksamste Bildungsmittel der Jugend; sie weckt durch ihre lebendige Erscheinung Liebe und Nacheiferung. Wo in der Familie ein religiöser Geist ist, da wird er auch seinen Ausdruck finden, und je ruhiger und wahrer dieser Geist dann waltet, desto gewisser wird auch der Eindruck sein. Thatsache ist, dass, wenn in der Familie der religiöse Geist schwach ist, sich auch in der Jugend wenig der religiöse Sinn entwickelt (531, 659).

Durch technische Bemühungen glaubt Schleiermacher in dieser Periode noch nichts erreichen zu können, alles müsse aus dem Leben hervorgehen. Immerhin möge man anfangen, den Kindern in der freien Form der gelegentlichen Anwendung auf ihr Betragen die religiösen Begriffe zu geben. Wenn sie auch einer Vorstellung Gottes und der Welt noch nicht fähig sind, hat man keinen Grund, ihnen das Religiöse vorzuenthalten. Können sie auch zu den Vorstellungen des erwachsenen Geschlechts erst allmählich gelangen, so werden ihnen doch manche Verhältnisse klar durch die Analogie zwischen dem allgemeinen menschlichen Zustand in Beziehung auf das höchste Wesen und dem Zustand des Kindes im Verhältnis zu den Eltern. Die Vorstellung von Gott als dem Vater ist dem Kinde eine lebendige; es hat eine Analogie, woran es das, was ihm als Religiöses gegeben wird, sich veranschaulicht. Dem Kinde muss es als eine Unvollkommenheit erscheinen, wenn die Eltern um etwas, was in ihm vorgeht, nicht wissen oder dies falsch auffassen. Hier hat das Kind schon eine Handhabe, um die Idee der absoluten Weisheit und der Allwissenheit im höchsten Wesen als Ausgleichung dieser Mängel zu fassen. Dass dies Moment zugleich den Wahrheitssinn stärkt, kann hier nur angedeutet werden. So gewinnt es auf natürlichem Wege die höchsten Vorstellungen, es ist ihm die Realität des göttlichen Wesens unmittelbar gewiss; es bezeichnet Gott als den Vater und ahnt seine Allwissenheit. Wie natürlich es übrigens schon dem Kinde ist, seine Gedanken auf das Religiöse hinzulenken, geht daraus hervor, dass es in solchen Fragen unerschöpflich zu sein pflegt (350 ff., 238).

Weiter muss in dieser Periode der Grundstein der politischen Gesinnung, des Gemeingeistes, des bürgerlichen Gehorsams gelegt werden. Das Verhältnis der Gleichheit unter den Geschwistern ist die Basis des Gemeingefühls; das Verhältnis der Abhängigkeit, das hier die Form der persönlichen

Autorität hat, ist die Basis zu dem Verhältnis, in welchem der Mensch zum Gesetz oder zur Sitte steht. In der Familie, dem organischen Element der bürgerlichen Gesellschaft, dem integrierenden Bestandteil des Volkes, muss der volkstümliche Charakter und die patriotische Gesinnung herrschen und sich unbewusst den Kindern mitteilen. Trefflich ist, was Schleiermacher darüber sagt: Wie verliert die Frau den höchsten Stolz, wenn sie nicht fühlt, dass sie auch dem Vaterland Kinder gebiert und erzieht, dass ihr Hauswesen mit all' den Kleinigkeiten, die den grössten Teil ihrer Zeit ausfüllen, einem grösseren Ganzen angehört und in dem Bunde ihres Volkes eine Stellung einnimmt, dass dessen Sinn sich darin spiegelt, dessen Kräfte sich darin vereinigen. Wie planlos und unsicher oder wie willkürlich und verkehrt würde die Erziehung sein, der dieses Mass des vaterländischen Geistes fehlte bei der Entwickelung der Kräfte, diese Aussicht auf vaterländische Thätigkeit bei dem Hinarbeiten auf eine künftige Bestimmung!

Wir kommen nunmehr zur 2. Periode der Erziehung[1]); sie ist bezüglich der Fertigkeiten bestimmt, Zusammenhang in das Bewusstsein zu bringen, dem Leben die historische Bildung zu geben, auszumitteln, ob sich das Bestreben nach dem wissenschaftlichen Gebiete hinwendet. Sie ist propädeutisch für diejenigen, die später in die wissenschaftliche Berufssphäre eintreten, sie schliesst die allgemeine Bildung ab für diejenigen, welche im bürgerlichen Leben keinen solchen Anteil an dem Regieren nehmen wollen, dass ihnen wissenschaftliche Bildung nötig wäre. — Bezüglich der Gesinnung ist sie vorbereitend für die Entwickelung des Gemeingeistes, entwickelnd in Beziehung auf die Selbständigkeit in soweit, dass die Wahl des zukünftigen Berufes erfolgen kann, abschliessend in Bezug auf die religiöse Gesinnung. Am Endpunkt der Periode soll der Zögling von aller persönlichen Autorität frei sein, es muss also an die Stelle dieser etwas anderes treten; sein Gefühl und Urteil soll dann mit dem Gesamtgefühl und -urteil übereinstimmen, sonst tritt er nicht als mitwirkendes Glied in die Gemeinschaft ein, sondern als gegenwirkendes. Was also auf die Entwickelung der Gesinnung Einfluss haben kann, ist die persönliche Autorität und das Gemeingefühl, sie stehen im umgekehrten Verhältnis: im Anfang ist die Autorität alles, das Gemeingefühl gleich Null, am Ende ist das Gemeingefühl alles, die Autorität gleich Null. Somit ist der Verlauf der Erziehung

---

[1]) Diese Darstellung nach S. 355 ff., 665 ff.

ein allmähliches Abnehmen der Autorität und ein allmähliches Zunehmen des Gemeingefühls. In der Familie kann dies nicht erreicht werden, denn dort herrscht lediglich die persönliche Autorität, nicht aber das Gemeingefühl, zwar spiegelt sich in jedem Hauswesen das bürgerliche und kirchliche Leben, der freie gesellige Verkehr ab, aber das sind lediglich fragmentarische Momente, die Jugend muss ein gemeinsames Leben für sich haben, in dem das Gemeingefühl erregt und entwickelt werden kann, in dem sich die Continuität der Gesinnung offenbart, in dem die Jugend als beständig thätig erscheint. Hier herrscht nun durchaus ein gesetzlicher Zustand, gesetzliche Ordnung wird aufrecht erhalten, hier wird das strenge Rechtsgefühl geweckt; gerade in diesem Punkt der Gesetzlichkeit spiegelt sich der Character des Gemeinwesens in der Schule ab. So übt die Unterrichtsanstalt als ein grösseres geistiges, nach bestimmten Gesetzen geordnetes Gemeinleben, in dem die Schüler unter einander und mit den Lehrern ein Ganzes bilden, eine grosse, noch nicht genug erkannte Wirkung aus. Der Zögling tritt in ein ihm fremdes Gemeinwesen ein, da ist es natürlich, dass er manche Neigungen mitbringt, die sich mit dieser Form des Lebens nicht vertragen. Die Uebereinstimmung soll erst hervorgerufen werden, es muss den Ausbrüchen solcher Neigungen entgegengetreten werden, damit die störenden Handlungen nicht das gemeinsame Leben hemmen: deswegen tritt hier das Gesetz und die Strafe ein, durch beide muss der Zögling erfahren, was mit der Form des Gemeinwesens streitet, welche Folgen es hat, wenn er aus den Schranken heraustritt. So wird der Wille des Einzelnen infolge der Regelmässigkeit, der ernsten Milde und strengen Aufsicht dem Ganzen untergeordnet und unter der Form der Freudigkeit gelenkt und gestärkt. Diese Unterordnung unter einen höheren Willen ist nötig zur Sicherung des Bestandes von Staat und Kirche. Vor allem ruft das Zusammenleben in der Schule den Gemeingeist hervor; über ihn wird später noch zu handeln sein (239 ff., 220 ff, 151 ff, 548).

Von hier aus beurteilt bezw. verurteilt Schleiermacher das Hauslehrerwesen, er erklärt es für ein notwendiges Uebel, weil es den Zögling isoliere, setzt sich damit in Gegensatz zu Vives, Montaigne, Locke, Rousseau. Er sieht es als Ueberrest aus einer vergangenen Epoche an, wenn sich noch hie und da in den höheren Ständen eine Scheu vor den öffentlichen Unterrichtsanstalten zeige. Losgelöst von dem gemeinschaftlichen Leben der Gesamtjugend werden die in der Familie

Erzogenen nur den hier herrschenden Gemeingeist des besonderen Standes, der sich vom eigentlichen Gemeingeist sondert und oft gerade in Gegensatz zu diesen stellt, in sich aufnehmen, so entwickelt sich ein ungesunder Standesgeist anstelle des echten Gemeingeistes (4 f., 536). — Wenn man aber meint, den Zögling möglichst lange im Zustand der Unschuld d. h. dem fehlenden Bewusstsein des Bösen bewahren, ihn im Interesse der Abwehr eines die Erziehung störenden Einflusses abschliessen zu müssen, so spricht dies gegen die nötige Vorbereitung auf das Leben, gefährdet die Frische, die freie lebendige Unmittelbarkeit in seinem Leben; immer behütet könnte die Jugend nicht mit Stärke und Willenskraft ausgerüstet ins Leben gehen. Ist in dem Zustand, in welchen der Zögling eintritt, nichts Widerstreitendes: dann wird er keinen Kampf zu bestehen haben. Da man aber eine solche Vollkommenheit nicht voraussetzen darf, so wird jeder in eine Lage kommen, in der er ohne Unterstützung selbständig wirken soll. Kennt er dann nicht das Böse, das der Idee des Guten Widerstreitende und das dem gemeinsamen Leben Schädliche, so wird bei diesem Mangel an Einsicht seine Wirksamkeit erst nach einer Reihe nachteiliger Erfahrungen dem Ganzen förderlich sein. Die Gefahr ist um so grösser, wenn keine innere Kraft gebildet ist, wenn es dem Menschen an Uebung in Ueberwindung böser Einwirkungen fehlt, dann wird er dem Streit, den ihm das Leben plötzlich anbietet, nicht gewachsen sein und, leicht verleitet oder überwunden, seine Schwäche offenbaren (108 f., 601).

Darum darf man den Knaben nicht als Treibhauspflanze behandeln und vor der Lufttemperatur bewahren, in der die andern leben, und in der er später leben soll[1]. „Alle Männer, welche zu lange im väterlichen Hause gewesen sind, sind auf irgend eine Art weichlich, unentschlossen, untüchtig, ohne rechten Sinn für die gemeinsame Sache. Gefährlich ist es ja allerdings, wenn der Zögling an seinen Mitschülern Handlungen und Ansichten wahrnimmt, die der Erzieher von ihm fernzuhalten suchte, wenn durch verkrüppelte Charactere des gemeinen Lebens die edle Natur angegriffen wird, aber da ist es Sache des Hauses, zur rechten Zeit entgegenzuwirken; andererseits fördert nichts die Entwickelung mehr als Ueberwindung des Bösen (601).

---

[1] Hier streitet Schl. gegen das Isolierungssystem, das Plato vorschlägt: de re publ. III., 401.

Unterschieden von der Erziehung der männlichen Jugend soll sich die der weiblichen gestalten, die Mädchen[1]) lernen die grossen Lebensgemeinschaften nur aus ihrem Reflex in der Familie kennen, dort sind alle diese ihrer Natur nach repräsentiert, denn Schleiermacher fordert in der Ehe eine solche Identificierung beider Teile, dass sich in der Frau das ganze Leben des Mannes abspiegelt. Während das männliche Geschlecht immer in einem gewissen Mass für ein öffentliches Leben bestimmt ist, hat das weibliche seinen Wirkungskreis im Hause, das Eintreten in die Oeffentlichkeit ist immer nur als Sache der Not anzusehen. Am religiösen Leben schreiben wir ihm einen grossen Anteil zu, dieser liegt aber nur auf der Seite der Receptivität, das selbstthätige Eingreifen auf diesem Gebiet, sowie auf dem des bürgerlichen und wissenschaftlichen Lebens erscheint als Unregelmässigkeit; auch im geselligen Leben hat sich eine grössere Gleichheit herausgebildet. Am meisten aber offenbart sich die Selbstthätigkeit der Frauen in dem Einfluss, den sie auf die Familie und auf die Erziehung in ihren ersten Stadien haben. — Während die männliche Jugend aus der Familie herausgerissen und in ein neues Gesamtleben verpflanzt wird, ist die weibliche Jugend an die Familie gewiesen, jeder öffentliche Unterricht für Mädchen erscheint nur als Stellvertretung des Familien-Unterrichts, die Entwickelung der Fertigkeiten macht ihn notwendig. Die Mädchenschulen sind darum anzusehen, als hervorgegangen aus einer Vereinigung mehrerer Familien zur gemeinsamen Erziehung der Töchter in gemeinsamer Localität; auch der ganze Character der Behandlung soll weit mehr dem im Hause, in der Familie üblichen ähnlich sein (356 ff.). Als Regel stellt Schleiermacher schliesslich auf: die Erziehung ist so einzurichten, dass nichts geschieht, was durch die Naturbestimmung des Weibes vergeblich gemacht wird; weiter ist dem weiblichen Geschlecht so viel Vorschub zu leisten, als zur Verbesserung seiner Stellung und seiner Einwirkung auf die künftige Generation notwendig ist, damit, wenn es im Gange der Dinge liegen sollte, dass die Ungleichheit in der Stellung des männlichen und weiblichen Geschlechts noch weiter abnähme, die Erziehung nicht entgegenwirke (95—100).

Die 2. Periode der Erziehung vollzieht sich nun in der Volks- und Bürgerschule sowie im Gymnasium. Wir betrachten nach Schleiermacher diesen öffentlichen Unterricht aus

---
[1]) Nach 356 ff., 638.

zwei Gesichtspunkten, einmal als ein Heraustreten aus dem engeren Kreise der häuslichen Erziehung, als Vorbereitung für das öffentliche Leben, sodann als Sache der Not, weil die entwickelnde pädagogische Thätigkeit kunstgerecht sein muss und nur von Sachkundigen geleitet werden kann. Weil sich der Staat mit seinem Interesse, der Entwickelung der Gesinnung und Fertigkeiten nicht auf die Familie verlassen kann, so muss in der Schule der Unterricht abgeschlossen werden. Damit ist der Einfluss der Familie keineswegs eingeschränkt oder beseitigt, vielmehr häusliche und öffentliche Erziehung können und sollen nach und neben einander auftreten. Der Schule kommt alles zu, was Unterricht und Uebung der Fertigkeit ist, mit Ausnahme der speciellen Geschäftskenntnisse und -fähigkeiten, welche in die Familie fallen. Ebenso muss die Schule die Gesinnung insoweit entwickeln, wie sie sich unmittelbar auf das öffentliche Leben in seinem relativen Gegensatz zu dem Familienleben bezieht. Der Familie bleibt übrig, die Gesinnung weiter zu entwickeln aus dem religiösen und allgemein ethischen Standpunkt (362, 384). — Unter Umständen müssen Erziehungsanstalten und Pensionen die Familie ersetzen; das hat seine Schattenseiten wegen des fehlenden weiblichen Einflusses, aber auch seine Lichtseiten, weil dieses gesellige Leben auf die Entwickelung der Eigentümlichkeit fördernd wirkt, den Einzelnen früher selbständig macht und für seine spätere Einordnung in die grössere Organisation von Vorteil ist (480). Dass die Schule nach Schleiermacher auch Erziehungs-, nicht nur Unterrichtsanstalt sein soll, bedarf kaum gesagt zu werden.

Die unterste Stufe, die Volksschule und Elementarbildung, ist für alle obligatorisch. Die äusseren Unterschiede der Lebensverhältnisse sollen erst am Ende dieser Periode zum Bewusstsein kommen, die Erziehung soll als gleichmachendes Princip der fortwährend sich entwickelnden und angestammten Ungleichheit entgegenwirken, indem sie die niedere Klasse hebt und dadurch der höheren nähert. Ja Schleiermacher giebt sich der Hoffnung hin, dass der Uebergang von aristocratischer Zweiheit zu wahrhafter Einheit, die Ausgleichung zwischen Adel und Bürgerstand mit Sicherheit erst dann beginnen wird, wenn die Ausbildung der gesamten Jugend auf allgemeinster Grundlage geschieht und solange wie möglich gemeinsam bleibt, damit sich das Bewusstsein der Einheit entwickelt (380, 435, 358).

Die Volksschule muss ihre Thätigkeit so auf die Entwickelung der Einsicht und des Willens richten, dass sie ihre Zöglinge sowohl in ein rein mechanisches Gewerbsleben, als auch in diejenigen Anstalten, in denen die höchste individuelle Ausbildung erreichbar ist, abliefern kann. Ihr Ziel ist die Ausbildung des Vorstellungsvermögens, des practischen Verstandes, die Jugend soll durch die Volksschule für ihren Kreis zu verständigen Menschen gebildet werden (390). Das allgemeine Princip des Unterrichts ist dies, dass die ganze Reihe von Thätigkeiten so einzurichten ist, dass alles, was die Zeit erfüllt und als Aufgabe gestellt wird, seine Befriedigung in sich selbst und im Zusammenhange mit dem Vorhergegangenen habe; nach dem Grundsatz, dass kein Moment dem andern aufgeopfert werden darf, ist alles so zu organisieren, dass jede Thätigkeit auch als Zweck an sich angesehen werden kann. Danach ist der Jugend nichts zu geben, was nur für die Zukunft seinen Wert hat. Alle Kenntnisse und Fertigkeiten sind nur dann etwas wirklich Gewordenes, wenn sie im gemeinsamen Leben ein Wirksames bleiben. Was aber am Endpunkt der Erziehung aufhört, Einfluss zu üben und nur in der Periode der Ausbildung seine Geltung hat, sofern diese nur ein Mittel ist zu dem weiteren Leben, das ist nicht ein wirklich Erreichtes. Eine andere Grundregel ist, dass die Entwickelung der Kräfte auf dieser Stufe überall an einem solchen Stoff versucht werden muss, der im künftigen Geschäftsleben seine Geltung und seinen Wert behält (382 f., 390, 419, 414 ff.).

Es sind also solche Lehrfächer auszuwählen, die am unmittelbarsten an die Sinnesthätigkeit anknüpfen und am meisten in das practische Leben eingreifen, zunächst Lesen und Schreiben, wer dies nicht versteht, gelangt nicht zur Selbständigkeit und nicht zum Genuss der Menschenrechte, weil er im bürgerlichen Verkehr eines Vormundes oder Vertreters bedarf. Das macht sich heute um so fühlbarer, weil jeder gewisse Rechte im öffentlichen politischen Leben auszuüben hat (672, 362 ff., 385).

Weiter wünscht Schleiermacher Geschichtsunterricht, er fasst die Anforderungen in die Formel zusammen: es soll begreiflich gemacht werden, wie das geworden ist, was ist. Wegen des Gegensatzes zwischen Evangelischen und Römischen soll das Volk ein klares Bewusstsein von dem geschichtlichen Zusammenhange, von der Stiftung des Christentums und von der Reformation haben. Er verlangt, dass das Volk zu einem lebendigen genetischen Bewusstsein des gegenwärtigen Zustandes kommt, also ein Verständnis der Gegenwart und eine Kenntnis der neuesten geschichtlichen Momente erreicht, durch welche die allgemeine Weltlage bedingt ist. In Beziehung auf die vaterländische Geschichte weicht er von der gewöhnlichen Ansicht ab, da wird ihm zu viel und zu wenig gelehrt; zu wenig, insofern man bei dem, was einen weltgeschichtlichen Character hat, nicht mit dem nur Vaterländischen auskommt, die jetzt bestehenden Verhältnisse aber sind die Folge von Umwälzungen allgemeiner Weltverhältnisse; zu viel, insofern die lebendige Tradition nicht soweit hinausgeht, dass sie auch die unbedeutenden Zeiträume der vaterländischen Geschichte und Geschlechtertafeln, die heute kein Interesse mehr erregen können, umfasst (388 ff.); das ist auch für uns sehr beachtenswert. Ferner verlangt Schleiermacher geographische, mathematische und vor allem naturgeschichtliche Kenntnisse, alles im Interesse des bürgerlichen Lebens, der späteren Stellung des Zöglings, des Geschäfts- und Gewerbslebens (390—402, 668).

Bezüglich der Gesinnung ist das Ziel für die Volksschule die Erweckung der Liebe zur Ordnung und Gesetzmässigkeit. Strenge Regelmässigkeit verbunden mit einer gewissen Milde in der Handhabung ist der wesentliche Character, durch den die Schule Einfluss auf die Gesinnung haben muss, dadurch wird allmählich Freude am gesetzlichen Zustand hervorgerufen, und das ist die beste Grundlage für jede Stelle im bürgerlichen Leben; finsterer Knechtssinn und die Zügellosigkeit sind gleichmässig schlecht und nachteilig für das öffentliche Leben (369 f.).

Weiter ist das moralische und gesellige Urteil zu pflegen. Die Fortbildung aber des Religiösen und Ethischen in der Gesinnung ist nicht die Aufgabe der Schule nach Schleiermacher. Er meint: das Natürlichste ist, dass sich die Kirche auf die Familien verlässt, welche die religiöse Gemeinschaft bilden. Da nun aber in dieser Beziehung eine grosse Ungleichheit in den Familien herrscht, so hat man in den Schulen ein Supplement zu geben versucht: religiöse Erregungen, Andachtsübungen, Unterricht in der Religion sind in den öffentlichen Anstalten eingeführt. Tägliche Andachten sind aber nur dann wirksam, wenn sie nicht zu totem Buchstabendienst und Mechanismus herabsinken: völlig wirkungslos sind sie, wenn sie solchen Lehrern übertragen werden, in denen die Andacht selbst keine Wahrheit ist; denn es kann natürlich nur derjenige, dem es mit der Religion Ernst ist, und der Freudigkeit hat, auch in andern religiöses Leben zu wecken, im Stande sein, diese Uebungen zu leiten (532). Ein anderer Grund, den Schleiermacher anführt, ist folgender: der Unterricht in der Religion kann nicht anders erteilt werden, also dass ein Mensch mit der ganzen Kraft der Liebe auf den, welcher erzogen werden soll, wirkt; das kann nur geschehen mit dem Bewusstsein eines unmittelbar persönlichen Verhältnisses. Dies ist aber in der Schule nicht möglich, weil da überall nur die einzelnen Functionen hervortreten, und es ist rein die Art und Weise, wie die Kinder in diesem Einzelnen behandelt werden, worin sich das Ethische zeigt; der Einzelne tritt nur ausnahmsweise hervor, um Gegenstand der erziehenden Thätigkeit zu werden (533). Weiter wendet er gegen den Religionsunterricht ein, dass er in der Schule leicht seinen paränetischen Character verlöre und zu häufig speculativ, wissenschaftlich-theologisch würde, dass er Schwankendes und Unsicheres, etwas Trockenes und Totes an sich trüge. Er sieht ihn lediglich an als einen Rest aus früherer Zeit, in der die Schulen weil kirchlichen Ursprungs der Kirche unterworfen waren. Das letzte Bedenken, dass die Andachtsübungen von der dem öffentlichen Unterricht zugemessenen Zeit zu viel hinwegnehmen könnten, ist kaum der Erwähnung wert (531 ff.).

Was will Schleiermacher nun an die Stelle setzen? Selbstverständlich ist es auch sein Interesse und Wunsch, das religiöse Princip in der Jugend möglichst zu beleben, aber nach seiner Meinung kann es ebensowenig wie die Kunst gelehrt werden, entspringt vielmehr notwendig von selbst aus dem Innern jeder besseren Seele. Wie das Kunstwerk bilde sich das Universum selbst seine Bewunderer[1]). Auch ohne besonderen Unterricht müsse ein religiöser Geist in der ganzen Erziehung und Unterweisung walten; es gelte die jungen Gemüter unterscheiden zu lehren, was Gott ähnlich und wohlgefällig oder was eitel, ungöttlich und aus dem vergänglichen Wesen dieser Welt herrühre, es gelte täglich im Leben mit der Jugend die grossen Thaten Gottes zu preisen und somit jene Sehnsucht nach dem seligen Zustand zu wecken, durch welche angelockt der göttliche Geist in die Herzen herabsteigt[2]). Weil aber im christlichen Gottesdienst als der Darstellung des religiösen Gesamtlebens das Zurückgehen auf die Schrift unerlässlich ist, so kann die Kirche nach Schleiermacher nichts weiter thun, als die Schrift und die geschichtliche Entwickelung des Christentums wenigstens in ihren Hauptpunkten durch ihre Beamten verständlich machen, so dass es jedem möglich wird zu verstehen, was im Gottesdienst vorkommt (184 f).

Da diese 2. Periode für die religiöse Bildung abschliessend ist, so dass dies als das erste erscheint, was sich in der Erziehung

---

[1]) Vergl. Bender: a. a. O. 163
[2]) Vergl. 4. Rede über die Religion.

vollendet, so muss es das gemeinsame Interesse sein, dass am Ende dieser Periode die religiöse Gesinnung so weit entwickelt sei, dass sie Princip sein könne, die Selbständigkeit zu leiten, zumal in der nun kommenden 3. Periode der eigentlich specifische Character des Zöglings allmählich zurücktritt, und die Selbstbestimmung Raum gewinnt. Daher muss ein Princip erregt werden, das sich gegen alle Beziehungen indifferent verhält, in welche der Zögling eintreten kann; es muss ein Fundament zum freien Handeln in allen Fällen gelegt sein. Dies entwickelt sich am besten, wie dargestellt, in der christlich-religiösen Gemeinschaft, sie giebt das innere Mass für die religiöse Entwickelung der Individuen und für den Gemeingeist, damit alles, was in einzelne Richtungen auseinandergeht, zusammenstimmt (242 f.).

Nach Absolvierung der Volksschule folgt für die einen höhere Geschäftsbildung, für die anderen höhere wissenschaftliche Bildung, die ersteren sind und bleiben überwiegend Geleitete, die anderen gehen in die Region der Regierenden über und kommen durch die Mitteilung der Wissenschaften in den Besitz der leitenden Principien. Zwischen diesen beiden ist noch eine bedeutende Klasse übrig, die einen tiefen Einfluss auf eine grosse Zahl anderer Menschen ausübt dadurch, dass sie in grösserem Stil Geschäfte und Gewerbe betreiben, viele Arbeiter beschäftigen und beaufsichtigen, also ein Regiment zu führen haben. Das erfordert eine höhere Bildung, macht Anknüpfung an die ausserhalb eines Staates liegenden Verhältnisse notwendig; zudem ist es wünschenswert, dass ein solcher Einfluss wie der eines Fabrikherrn auf seine Arbeiter auf einem Unterschied der Bildung beruht, dann wird er auf ruhigere und heitere Weise ertragen werden. Weiter bedarf eine Reihe von Verwaltungsbeamten, um an der Leitung Anteil nehmen zu können, eine wenigstens der Form nach wissenschaftliche Ausbildung. Daher soll mitten zwischen der Volksschule und dem höchsten geschichtlichen Standpunkt, der im Boden der Wissenschaft wurzelt, die Bürgerschule stehen, sie soll eine Erweiterung dessen geben, was ganz fragmentarisch in der Volksschule gelehrt wird. Schleiermacher fordert sie also hauptsächlich aus politischen Gründen, aus Rücksicht auf den allgemeinen Verkehr, auf Handel und Gewerbe (446 ff., 496).

Doch soll die Bürger- oder Realschule wie das Gymnasium nur als natürliche Fortsetzung der Volksschule berechtigt sein, nicht als neben ihr existierend, denn es muss den begabten Schülern der Uebergang aus der einen in die andere Anstalt möglichst erleichtert werden, um auf jede Weise die Ungleichheit der Stände zu vermindern. Nur der darf in die nächst höhere Schule übergehen, der Anlage hat. Zweierlei aber bedingt es, dass ein Mensch sich für eine höhere Bildung eigne: ein bestimmtes Talent, das ihn an ein einzelnes Feld der Erkenntnis fesselt, und der allgemeine Sinn für die Einheit und den Zusammenhang alles Wissens, der systematisch-philosophische Geist. Wer diesen Bedingungen nicht entspricht, soll ausgeschlossen werden, ebenso sittlich-untüchtige, schlechte und verdorbene Naturen; sie sind nicht mit den wissenschaftlichen Hülfsmitteln auszurüsten, damit sie nicht später in leitenden Stellungen der Gesamtheit gefährlich werden können (68, 437f.)[1]).

— Ein sehr beherzigenswerter Gedanke und Vorschlag, von dem man nur wünschen könnte, dass öfter von ihm Gebrauch gemacht würde. Es drängen sich ja leider — so können wir auch heute mit Schleiermacher klagen — in die Bürgerschule, das Gymnasium und die Universität und damit in den höheren Bildungskreis und in wichtige Berufszweige so viele mittelmässig ausgestattete Individuen, die im späteren Leben ihren Platz auszufüllen nicht fähig sind. Sind sie doch berufen, nicht nur eine Reihe untergeordneter Verwaltungsgeschäfte zu erledigen, sondern auch auf die Gestaltung des gemeinsamen Lebens nach den höchsten Grundsätzen Einfluss auszuüben. — So soll die Ungleichheit und die immer mehr sich selbst bestimmende Aussicht auf die Region, welche jeder einnehmen wird, als von dem Einzelnen selbst, seinen Anlagen und seiner freien Selbstthätigkeit ausgehend erkannt werden, nicht als ihm von der Erziehung gewaltsam aufgedrungen oder vorenthalten. Auf diese Weise zeigt sich die Schule als das ausgleichende Princip, sie sorgt dafür, dass weder dem Einzelnen noch der Gesellschaft Unrecht geschieht (70, 213, 480, 545 f.).

Auch in der Auswahl der Unterrichtsgegenstände lässt sich Schleiermacher durch politische und sociale Gesichtspunkte bestimmen, durch die Rücksicht auf Verwaltung, Handel, Gewerbe, technisches und wirtschaftliches Leben und empfiehlt demgemäss Unterricht in der Muttersprache, in der Geschichte und in den neueren lebenden Sprachen; weiter rät er, nicht immer auf den gegebenen Zustand Rücksicht zu nehmen, sondern weiter vor sich auf die möglichen Veränderungen der Verhältnisse

---

[1]) Derselbe Gedanke und Vorschlag bei Plato de re publ. III., 415. — Vergl. auch gelegentliche Gedanken über Universitäten ... S. 565. — Erziehungslehre 544 f.

zu sehen, die Jugend nicht nur dem gegenwärtigen Standpunkt gemäss zu erziehen, sondern so auszubilden, dass sie das Princip der Erweiterung und Verbesserung in sich aufnehmen und walten lassen (459); ferner empfiehlt er wie Pestalozzi: um die bei der verschiedenen Beanlagung immer grösser werdende Ungleichheit zu hemmen und doch die Gemeinschaft in derselben Klasse festzuhalten, die überschiessende Kraft Einzelner zur Unterstützung der Schwachen zu gebrauchen; die Begabteren üben sich dadurch in der Einwirkung auf andere: zugleich eine Vorübung für ihre Thätigkeit im späteren Leben, wo es stets Pflicht der Besseren sein soll, den Schwächeren zu helfen. Endlich redet Schleiermacher der nötigen Anzahl häuslicher Arbeiten das Wort, weil die hervorbringende Thätigkeit mit der mehr aufnehmenden Arbeit in der Schule ins Gleichgewicht gebracht werden muss, und weil die häusliche Productivität mehr Analogie zu der im späteren Leben geforderten Selbstthätigkeit hat. Es ist etwas ganz anderes, in einer grossen Gemeinschaft in Gegenwart vieler thätig zu sein, wo einer hervortritt, die anderen in begleitender Productivität erhalten werden, und etwas ganz anderes mit der Productivität im Leben selbst. Die Productivität in der Gemeinschaft ist überhaupt keine Vorübung für das practische Leben selbst. Zudem geht der Schüler, im Hause bei der Arbeit für die Schule mehr sich selbst überlassen, des öfteren einen falschen Weg. Die Anschauung eines solchen und die Erfahrung des Misslingens ist etwas sehr Heilsames. So gilt also hier die Regel: die Zeit, welche man ausser der Schule der freien Thätigkeit und dem Familienleben entziehen zu können glaubt, soll man zu einer productiven Thätigkeit benutzen, aber so, dass der Lehrer so wenig wie möglich genötigt ist, die Zeit, welche ihm ausserhalb der Schule zur eigenen Vervollkommnung dienen soll, der Durchsicht von Arbeiten zu opfern (477, 427): alles Ratschläge, die für die individuelle und besonders die sociale Seite der Erziehung von Wichtigkeit sind.

Das Vorwiegen des socialen, politischen Gesichtspunktes wird noch mehr in die Augen fallen, wenn wir uns einzelnen Unterrichtsgegenständen zuwenden, zunächst den Sprachen: Schleiermacher hält es mit Recht für einen dem Leben nicht angemessenen Bildungstypus, die alten Sprachen allein und für alle gleichmässig der allgemein menschlichen und gesellschaftlichen Bildung zu Grunde zu legen; er beklagt, dass die alten Sprachen, sei es aus Sorglosigkeit in Bezug auf die materielle Entwickelung des Volkes oder aus unbewusster Vernachlässigung der Gesamtaufgabe der pädagogischen Thätigkeit überhand genommen und die Naturerkenntnis und die Einsicht in das Wesen der Dinge, die doch den Gewerben unentbehrlich sind, verdrängt haben und damit einen doppelten Nachteil verursachten: zum ersten ward das Gelernte zum toten Kapital, zum andern konnten sich die Gewerbe wegen der ungenügenden Vorbildung derer, die in sie eintraten, nur mangelhaft entwickeln, denn die Beherrschung der Natur, die Organisierung der Materie durch den Geist zu Gunsten des Handels, der Gewerbe, des Ackerbaus und der Industrie kann nur dann gefördert werden, wenn die Naturerkenntnis des Volkes durch den Unterricht erhöht wird (450—456).

Anstatt der alten Sprachen verlangt Schleiermacher das vollkommene Verständnis dessen, was in der Muttersprache wirklich lebt, die vollständige Fertigkeit, sich im Leben mit Sicherheit der Sprache bedienen zu können nicht nur im Gespräch, sondern auch in gemeinsamen Beratungen. Bei dem sich auch heute noch immer mehr entwickelnden bürgerlichen Einfluss des mittleren Standes hat die Redegewandtheit eine grosse Wichtigkeit, denn nur in dem Mass, als Fertigkeit der Rede vorhanden ist, kann sich der Einfluss geltend machen. Fertigkeit ist aber nur da, wo man dem Gedankengange eines andern genau zu folgen, das Wesentliche herauszugreifen und daran den eigenen Gedankengang anzuknüpfen imstande ist. Auf der einen Seite ist überall, wo entgegengesetzte Meinungen öffentlich besprochen werden, eine Neigung zur Leidenschaftlichkeit, auf der andern Seite eine Ungeübtheit in dem Gebrauch der Sprache. Solche Versammlungen können natürlich kein genügendes Resultat geben. — Durch viele Vorübungen wird man es dahin bringen müssen, dass die Stände, welche öffentlich zu reden haben, eine verständige klare Redeweise erlangen. An dieser Stelle giebt Schleiermacher die beachtenswertesten Winke für die Methodik der mündlichen Uebungen, deren Behandlung hier ausgeschlossen ist. Er stellt mit Recht die Franzosen und Engländer den ungeschickten Deutschen als Muster vor, jene seien in der Analyse und Combination der eigenen Sprache geübt und wüssten sich ihrer in allen Lebensverhältnissen geschickt zu bedienen; während sogar den deutschen Gelehrten seit langer Zeit der Vorwurf gemacht würde, dass sie zwar viel wüssten, aber nicht verständen dies von sich zu geben (465 ff). — Schleiermacher ist nicht der erste, der auf die Wichtigkeit dieses Teils des deutschen Sprachenunterrichts hingewiesen hat, vor ihm hat es bereits eine stattliche Anzahl bedeutender Pädagogen und Politiker gethan, darunter Comenius, Ratke, Schuppius, Thomasius, Leibniz, Trapp, Ernesti[1]), auch Friedrich der Grosse, als er das „faire bien raisonner" den höheren Schulen zur Aufgabe stellte.

Weiter kommt der Geschichtsunterricht in Betracht: er muss in der Bürger- und Realschule das fragmentarische Gepräge, welches er in der Volksschule hatte, verlieren. Leitender Gesichtspunkt ist auch hier der politische, sociale: der geschichtliche Zusammenhang ist nur soweit von Wichtigkeit, als er zum Begreifen der Gegenwart erforderlich ist, als er auf die Bildung des gegenwärtigen Zustandes Einfluss hat. Daraus ergiebt sich als das Natürlichste eine allmähliche Erweiterung der Behandlung, je näher man den für die jetzige Zeit einflussreicheren Momenten kommt, etwa seit dem 16. Jahrhundert; die ältere Geschichte ist nur fragmentarisch zu behandeln, die neuere aber ausführlich und pragmatisch. Schleiermacher will also den Geschichtsunterricht angesehen wissen als eine Veranschaulichung davon, wie der gegenwärtige Zustand des menschlichen Geschlechts geworden ist, als eine genetische Entwickelung der Elemente, die ihn herbeigeführt haben, jeder soll ein klares Bild der gegenwärtigen Verhältnisse und ihres Ursprungs empfangen. — Im einzelnen giebt er folgende für seinen Standpunkt characteristische Ratschläge: jeder Teil der Geschichte, den man behandelt, sei ein Ganzes in sich, Repräsentant des Allgemeinen, eine klare Anschauung gewährend, in grossen Zügen die Herrschaft des Menschen über die Natur, das Verhältnis der einzelnen Völker unter einander und die intellectuelle Entwickelung darstellend. Rückwärts schreitend von der Gesamtanschauung der Gegenwart, anfangend mit dem, was noch jetzt real ist, mit genauer Bezugnahme auf die Geographie, die allgemeine Weltlage und die Abstufungen der Cultur gehe man von dem Allgemeinen in das Einzelne, dann wieder vorwärts. Dabei bieten natürlich die grossen allgemeinen Vorstellungen ein grösseres Interesse dar als die Einzelheiten, demnach ist es z. B. völlig verkehrt, die märkischen Kinder alsbald mit den alten Markgrafen von Brandenburg bekannt zu machen. Auch die ganze Art, die Geschichte einzuteilen, muss sich nach

---

[1]) Ernesti neue sächsische Schulordnung: Je unentbehrlicher die Fähigkeit, sich in der Sprache unseres Vaterlandes wohl auszudrücken, zu den der menschlichen Gesellschaft zu leistenden Diensten zu rechnen ist, desto sorgfältiger müssen die Schüler frühzeitig angeführet werden, in ihrer Muttersprache richtig und angenehm zu reden. Ziegler: Geschichte der Pädagogik S. 253.

Schleiermacher durchaus an das Bewusstsein des gegenwärtigen Zustandes anknüpfen. Soll die Gegenwart selbst auf geschichtliche Weise erfasst werden, so sind die gegenwärtigen christlichen Staaten zuerst als Einheit zu betrachten, sie sind das Centrum; dann ist darzustellen, wie diese Verbindung entstanden ist, so kommt man auf den Anfang der modernen Geschichte (470 ff.). Aehnliche Gedanken finden sich schon bei Friedrich dem Grossen[1]), nach ihm sollte der Unterricht in der Geschichte nur von Karl V. bis auf unsere Zeit reichen, weil jene Ereignisse mit unserer Zeit zusammenhängen, und es einem jungen Menschen, der in der grossen Welt leben will, nicht gestattet ist, Ereignisse nicht zu kennen, die in die Kette der in Europa geschehenden Dinge gehören und sie bilden. Von einem specifischen Preussen- oder Hohenzollerntum im Unterricht der Geschichte und Geographie weiss dieser grösste Preusse und Hohenzoller nichts. — Weiter ist es interessant, den Gedanken, der in unserer Zeit mit grösserem Nachdruck wiederholt ist, die neue und neueste Geschichte mehr als bisher in den Vordergrund treten zu lassen, schon bei Schleiermacher zu finden; sie wurde bis dahin, sei es aus Planlosigkeit, sei es aus Unterschätzung ihrer Wichtigkeit, sehr stiefmütterlich behandelt.

Die 3. Stufe, die wissenschaftliche Bildungsstufe, ist das Gymnasium oder die Gelehrtenschule. Hatte die Volks- und Bürgerschule die Aufgabe, ihre Zöglinge für die Zwecke des grossen Ganzen zu erziehen und daneben die eigentümliche Anlage in etwas wenigstens zu ihrem Rechte kommen zu lassen, so sollen aus dem Gymnasium die zur Leitung der Generation Geeigneten hervorgehen, welche nach der höchsten individuellen und socialen Ausbildung fähig sind, im bürgerlichen und geselligen Leben, in der Kirche und in der Tradition der Wissenschaften einen hervorragenden Platz einzunehmen. Hier ist der Ort, wo die Zöglinge die leitenden Principien der Erkenntnis auffinden und anwenden lernen sollen; auf dieser Stufe ist nicht mehr die einseitige Rücksicht auf die Gegenwart, den allgemeinen Verkehr u. s. w. massgebend, sondern das Studium der Gegenstände an und für sich. Doch hält Schleiermacher auch hier von vorne herein fest: die Jugend muss so erzogen in das Leben eintreten, dass sie die Aufgabe des Lebens erkennt und löst, und dass in ihr, wenn auch in verschiedenem Grade, die Tüchtigkeit liegt, den gegebenen Zustand zu verbessern (197, 236, 487—551).

---

[1]) Vergl. Ziegler, Geschichte der Pädagogik, S. 241.

Die wissenschaftliche Ausbildung des Individuums hat zu beginnen, sobald sich seine Befähigung sicher offenbart hat. Auch hier ist der Uebergang aus der vorhergehenden, der Bürgerschule möglichst zu erleichtern, dem mittellosen Befähigten muss die Gemeinschaft zu Hülfe kommen; der Betreffende kann mit seiner Begabung und Energie vielleicht ein Wohlthäter der Menschheit werden, denn aus den Hütten kommt das Heil der Welt (492). — Die Mitleitung der öffentlichen Angelegenheiten nun setzt dreierlei voraus: eine tiefere speculative Bildung, ein tieferes geschichtliches Leben und den freien künstlerischen Gebrauch der Muttersprache. Um in einem höheren Sinn die Zukunft aus der Gegenwart zu gestalten, muss man die Gegenwart aus der Vergangenheit konstruiert haben — und um die Zukunft richtig gestalten zu können, muss man die Idee des Guten und Wahren an und für sich kennen, die immer mehr im Leben des Ganzen und Einzelnen verwirklicht werden soll; nur so kann die folgende Generation besser und vollkommener werden als die vorhergehende, kann sich schon mehr dem Idealzustande nähern, nur so kann die Organisation der Natur durch die Vernunft Fortschritte machen: dies die speculative Seite (388, 496, 471).

In der Geschichte soll der Unterricht auf dieser Stufe über die beiden schon erwähnten Grenzlinien hinausgehen, hier ist die alte und neue Geschichte gleichberechtigt. Ausführliche Kenntnis der alten Geschichte im Zusammenhang mit den alten Sprachen, sowie die komparative Geschichtskunde, die sich auf den Unterschied im Character der alten und neuen Zeit, in der ganzen Formation und Entwickelungsweise der alten und neuen Staaten erstreckt, ist durchaus notwendig. Hier soll die Geschichte des Menschengeschlechts in ihrem Verlauf als ein Ganzes zusammengeschaut werden, es soll ein allgemeines lebendiges Bild, eine Gesamtanschauung der Völkergeschichte erreicht werden, so jedoch, dass die individuellen Verschiedenheiten noch klarer durch die komparative Behandlung hervortretend aufgefasst werden können. Die speculative Behandlung der Geschichte bleibt der Universität überlassen (509 ff).

Von hervorragender Bedeutung sowohl in individueller als sozialer Beziehung ist das Gebiet der Sprachen; zunächst die Muttersprache: sie verdient eine erhöhte Berücksichtigung. Es ist in der That als ein Mangel aufzufassen, wenn Jemand, der das Gymnasium durchlaufen hat, nicht imstande ist, fremde Gedanken zu verstehen und die eigenen unmittelbar und mit Leichtigkeit klar und geordnet auszusprechen, ja aus dem

Stegreif zu reden. Es giebt sehr viele Lagen, in denen nur durch das unmittelbare persönliche Auftreten etwas erreicht werden kann. Mag die Einsicht auch noch so vollkommen sein, wenn die Fertigkeit fehlt sie auszudrücken, so geht alle Wirkung auch der trefflichsten Einsicht verloren. Darum fordert sowohl die politische als die kirchliche und wissenschaftliche Sphäre redegewandte Führer, ohne solche würden sie keinen Einfluss auf die Menge und das öffentliche Leben ausüben können. — Zur Beredsamkeit hatte auch die Bürgerschule schon anzuleiten, was hier auf der höchsten Bildungsstufe hinzukommen soll, ist die Rücksicht auf künstlerische Mitteilung der Gedanken, auf Ausschmückung der Rede, auf Wohlklang und Eleganz der Sprache. Dieses neue Element, die künstlerische Darstellung ist im mündlichen Vortrage wie in der schriftlichen Uebung gleichmässig zu betonen, nicht einseitig in dieser oder jenem. Das erste wäre also die Fertigkeit, die Gedanken schnell zu ordnen und vorzutragen, das zweite, dem mündlichen Vortrage eine solche Rundung und Harmonie zu geben, das Musikalische der Sprache auch in der freien Rede so hervortreten zu lassen, dass der mündliche Vortrag nicht der Aehnlichkeit mit dem schriftlichen entbehre. Freiheit von Buchstaben ist nach Schleiermacher die erste Bedingung für den, der sprechen will; eine Art von Knechtschaft ist es, wenn man auch nur eine kürzere Gedankenreihe nicht anders für sich selbst oder für andere wiedergeben kann als so, dass man die Gedanken vor sich geschrieben sieht. Es wird hierdurch, abgesehen von anderen sich von selbst ergebenden Nachteilen, der eine Sinn, das Auge zu sehr bevorzugt vor dem andern Sinn dem Ohr. Und doch soll gerade in Beziehung auf alles, was die Sprache betrifft, das Ohr thätig sein, man spricht, um gehört zu werden, man soll sich also selber sprechen hören. Dass man das Gedachte und Entwickelte höre, ist die Hauptsache, nicht dass man die Buchstaben und Worte sehe. Berücksichtigt man dies, dann wird auch dem Musikalischen in der Sprache sein gebührendes Recht gegeben werden. Der Sinn hierfür wie für Rhythmus, Betonung, Melodie und Euphonie ist schon in den Kinderjahren zu schärfen (516—22).

Das sind feine Beobachtungen und wertvolle Ratschläge, die mehr berücksichtigt werden sollten. Im übrigen ist diese Forderung der Beredsamkeit wiederum characteristisch für Schleiermacher, er sieht auch hier die Zukunft mit klarem Auge, wenn er schreibt: mag auch für uns sich die Hoffnung auf eine Vertretung der Nation nicht erfüllen, so ist doch

unausbleiblich die Zeit, da öffentliche Versammlungen der
Volksvertreter constituiert werden (468). Er fürchtete, es
würde dann an solchen fehlen, die Geschick hätten, in Volks-
versammlungen und Parlamenten zu reden und wollte dem vor-
beugen. Heute sind zwar seine politischen Ahnungen einer
öffentlichen Volksvertretung in Erfüllung gegangen in Staat,
Stadt, Kirche und Kreis, aber das so lange vernachlässigte
Gebiet der freien Rede ist in unsern Tagen ebenso wenig
bebaut, wie in denen Schleiermachers.

Was die alten Sprachen betrifft, so hält auch er sie als
das historische Fundament und die Wurzel unserer ganzen
Bildung für unentbehrlich, doch klagt er über das grosse Uebergewicht der klassischen Philologie, die den Gymnasien das
Ansehen von Specialschulen für das gelehrte Schulwesen gebe;
ihr Typus sei mehr auf Special- als auf Universalbildung berechnet; das reale und sociale Moment trete zurück, am meisten
würden die gefördert, welche sich selbst wieder zu Lehrern
ausbilden wollten; das Gymnasium solle aber auf die verschiedenen Berufsarten gleicherweise vorbereiten, nicht nur auf
das Studium der klassischen Philologie, sondern auch auf das
der Medicin, Jura und Philosophie. Es werde zu viel in spem
futurae oblivionis gelehrt und gelernt, zu viel Wert auf Gegenstände gelegt, welche zwar die formelle Bildung begünstigten,
aber ihrem Stoff nach späterhin verschwänden, kurz es herrsche
zu grosse Bevorzugung der individuellen philologischen Durchbildung und zu starke Hintansetzung der realen praktischen
Seite, die alte formale Seite stamme eben aus einer Zeit, in
der der wissenschaftliche Forschungsgeist sich noch nicht der
Natur bemächtigt, in der Wissenschaft und Leben im grössten
Gegensatze standen. Wir können Schleiermachers Klagen zu
den unsrigen machen, es sind zum Teil dieselben Vorwürfe,
wie sie heute noch gegen die Gymnasien erhoben werden
(523). Doch ist anzuerkennen, dass man in den letzten Jahren
angefangen hat, Wandel zu schaffen. Der klassische Unterricht ist erheblich vermindert, der lateinische Aufsatz gefallen,
die Realien sind mehr in den Vordergrund getreten.[1] —

Die nun folgende 3., die technische Periode der
Erziehung hat es mit der Berufsbildung zu thun. Die Jugend
der Volks- und Bürgerschulen kehrt in ein Familienleben

---

[1] Ueber den auch auf dem Gymnasium zu pflegenden Gemeingeist vergl. unten S. 154.

zurück, um für Geschäfte, Gewerbe und Handwerke vorbereitet zu werden. Schleiermacher lässt sie nicht aus den Augen, er möchte auch für sie noch etwas thun; hierin zeigt sich wieder der grosse Stil seiner Erziehungslehre, bei andern sucht man vergebens nach einer Berücksichtigung dieser schon so früh auf sich selbst gestellten Jünglinge, die gerade in dem Alter vom 14. bis 20. Lebensjahre so vielen sittlichen Gefahren ausgesetzt und eines erziehenden Unterrichts am meisten bedürftig sind. Bei dieser Gelegenheit beklagt er, dass der Termin, an welchem die Jugend aus der Volksschule entlassen wird, so früh angesetzt sei; eine Verlängerung der Schulzeit erklärt er mit Recht für dringend erwünscht schon um deswillen, damit alle Gegenstände des Unterrichts, welche in den Cyclus der Volksschule aufzunehmen sind, wenn sie ihrem Zweck entsprechen soll, absolviert werden können. Da die Entlassung aus der Volksschule damit zusammenhängt, dass die Jugend dann auch dem kirchlichen Unterricht entwachsen ist, so kann die Kirche hier der Schule zu Hülfe kommen oder der Staat beiden (445 f.). — Da nun die Anforderungen der Gesamtheit nur dann der Jugend deutlich entgegentreten, wenn für sie selbst ein gemeinsames Leben organisiert ist, so darf eben dies gemeinschaftliche Leben, das in der Schule begründet ist, nicht aufhören, sondern muss erhalten, fortgesetzt, ja gesteigert werden, um den Uebergang in das grössere öffentliche Leben zu bilden. Je mehr der Sinn für ein grösseres, umfassenderes, gemeinsames Leben in der Gesellschaft erwacht ist, desto natürlicher wird man dies finden; ein Zusammenleben in grösserer Gemeinschaft ist eben die notwendige Form zur Entwickelung der Gesinnung. Eine solche Organisation hätte zunächst die intellectuelle Seite zu pflegen, um das in der Schule Aufgenommene zu wiederholen und fortzuentwickeln. Schleiermacher fordert demnach Fach-, Fortbildungs- und Handwerksschulen, die den Character strenger Gesetzmässigkeit, Ordnung und ernster pädagogischer Thätigkeit an sich tragen sollen (248—50; 242 ff., 552—562).

Weiter hätte dies gemeinschaftliche Leben der gewerblichen Jugend die gymnastische Ausbildung zu pflegen, womöglich allabendlich nach dem Geschäftsleben in Volksvergnügungen edelster Art, in Spiel und Turnen. Wir brauchen wohl kaum zu betonen, dass ein so practischer Pädagoge wie Schleiermacher nicht nur hier, sondern für die ganze Erziehung und das ganze Leben die Gymnastik, die körperliche Uebung und Erholung nach der geistigen Arbeit fordert; er war ein Feind aller Verzärtelung und Verweichlichung, wusste den Wert körperlicher

Gewandtheit und Abhärtung für das practische öffentliche Leben zu schätzen. Diese Gemeinschaft auf intellectueller und gymnastischer Grundlage stellt nun für die Jugend das Gebiet der Geselligkeit dar, ruft in ihr das Gefühl der gemeinsamen Interessen, den Gemeingeist hervor, beeinflusst ihre sittliche Haltung, kurz fördert ihre individuelle und sociale Weiterbildung.

70 Jahre später hat man langsam angefangen, diesen höchst beachtenswerten Vorschlag zu befolgen, für den auch Pestalozzi und der Franzose Condorcet[1]) (1743—94) fast gleichzeitig eintraten und zwar sowohl bezüglich der männlichen als auch der weiblichen Jugend, weil in der zu kurzen Schulzeit die Erziehung und der Unterricht der Zöglinge nicht mehr erreicht, die Aufgaben nicht mehr gelöst werden könnten. „Die wirtschaftliche, politische und sociale Entwickelung unserer Zeit fordert Fortbildungsschulen, die in den zu bewältigenden Stoffen sich an die Volksschulen anlehnen und den hier nicht absolvierten Stoff in sich aufnehmen, ferner die jungen Leute weiterbilden und erziehlich auf sie einwirken."[2]) Aber noch harrt diese Angelegenheit ihrer gesetzlichen Regelung, noch ist es in das Belieben des einzelnen Jünglings gestellt, ob er am Unterricht teilnehmen will oder nicht.

Die gemachten Erfahrungen und Beobachtungen rechtfertigen durchaus den Nachdruck, welchen Schleiermacher auf dies gemeinsame Leben der Jugend legte. Besonders segensreich wirkt das Vereinswesen und -leben, das sich in den letzten Jahren so reich entfaltet hat in den Turn-, Ruder-, Jünglings- und kaufmännischen Vereinen. Die Jugend entgeht so der Gefahr der Vereinzelung und Isolierung, verliert den Zusammenhang mit dem grossen Ganzen nicht, lernt nach des Tages Last und Hitze, nach harter Arbeit wieder frisch, fromm, fröhlich und frei zu leben, sich für eine grössere Gemeinschaft, ein gemeinsames Ideal zu begeistern, das den Einzelnen hält und trägt, das persönliche Opfer, Selbstverleugnung und Selbstüberwindung auferlegt, das geistige, körperliche und sittliche Ausbildung verlangt.

Die Jugend der Gymnasien wendet sich zum grossen Teil der Hochschule zu: mit der sich jetzt anbahnenden Selbstständigkeit tritt die fremde Erziehung zurück, die Selbstbestimmung und -erziehung beginnt. Diese Periode gipfelt darin, dass der betreffende als selbständiges und selbstthätiges Glied

---

[1]) Vergl. Ziegler. Geschichte der Pädagogik. S. 211.
[2]) Beschluss der Versammlung der Freunde und Lehrer deutscher Fortbildungsschulen. Leipzig 1896.

in die verschiedenen Lebensgemeinschaften übergeht. Das gemeinsame Leben wird nur dann in dieser Periode leisten, was notwendig ist, wenn dem Einzelnen nicht nur ein Urteil eingeräumt, sondern auch ein bestimmter Einfluss auf das gemeinsame Leben gestattet wird. Während die Jugend in religiöser Hinsicht schon ganz selbständig ist, wird in allen anderen Beziehungen die Selbständigkeit erst unter Leitung der älteren Generation entwickelt, auf diese Weise wird das richtige Zusammensein von persönlicher Freiheit und Abhängigkeit von dem allgemeinen Willen vorbereitet, welcher in der bürgerlichen Gesellschaft fortbesteht (255 f.).

Auch auf der Universität — und damit wenden wir uns der Darstellung der individuellen und socialen Einflüsse zu, welche diese höchste Erziehungsanstalt, ja Erziehungsanstalt aller Erziehungsanstalten auf ihre Glieder ausüben soll — werden Fertigkeiten und Gesinnung neben einander gepflegt; über die ersteren nur soviel, dass die Entwickelung der Kräfte, die Ausbildung des practischen Verstandes auch auf dieser Stufe überall an einem Stoff zu versuchen ist, der im künftigen Leben seinen Wert behält, der sich an das reale Leben anschliesst. Im übrigen hat es die Universität nicht mit der Darbietung von Kenntnissen und Fertigkeiten, überhaupt nicht mit directer Vorbereitung auf den späteren Beruf zu thun, sondern mit dem Erkennen und mit dem Allgemein-menschlichen, mit dem, was der Mensch unabhängig von seinem Beruf im Gesamtleben sein soll, indem die Principien und gleichsam der Grundriss alles Wissens auf solche Art zur Anschauung gebracht wird, dass daraus die Fähigkeit entsteht, sich in jedes Gebiet einzuarbeiten. So ist Zweck des Studiums nicht das Lernen, sondern das Erkennen, nicht das Sammeln von Kenntnissen, sondern das freie Forschen (540—72).

Die deutschen Universitäten und vor allem die, an deren Gründung Schleiermacher mitarbeitete, sind auf dem Grundsatz der individuellen Freiheit aufgebaut sowohl auf seiten der Docenten als der Studenten. Jede wissenschaftliche Ueberzeugung und Richtung hat das Recht, sich geltend zu machen. Neben der Lehrfreiheit steht die Hörfreiheit, so dass dem Studierenden die Wahl bleibt, welche Hochschule, welche Vorlesungen und in welcher Reihenfolge er hören will, und endlich die Freiheit im geselligen Leben der Studenten, so dass sie innerhalb der Schranken des Rechts und der Sittlichkeit in ihrer Lebensweise und Sitte sich selbst bestimmen und dadurch ihren Character, ihre Individualität herausbilden. Genau genommen i.. diese Freiheit in den eigentümlichen studentischen Gebräuchen und Sitten bezw. in der Lossagung von sonst geltender Convenienz zu suchen. Schleiermacher wollte den Studierenden diese freie Bewegung in ihren Lebensformen gewahrt wissen, weil sie später auf die Fortentwickelung der öffentlichen Sitten Einfluss gewinnen sollen (579). Wenn nun die academische Umgangsform sich so von selbst bildet, dass sie vom innersten Geist der Universität unzertrennlich zu sein scheint, wenn hier die Mannigfaltigkeit und Eigentümlichkeit der Sitten um so stärke heraustritt, als in andern Ständen die Gleichförmigkeit überhand nimmt, so erscheint sie als heilsames Gegenwicht, das man gewähren lassen muss. Nimmt man hinzu, dass diese Jünglinge, welche die Wahrheit und das Wesen der Dinge und des Lebens suchen, in der Art, wie die meisten Menschen sich eingestandenermassen ungern den lästigen Formen fügen, wie die niederen Stände den höheren schmeicheln, zunächst nichts anderes sehen können, als niederen Eigennutz, Servilismus und Characterschwäche, soll man ihnen da nicht gestatten, fragt Schleiermacher, hiegegen den Einspruch so stark und practisch wie möglich auszudrücken? Nach ihm bedürfen die Studenten einerseits einer grossen Abgeschiedenheit von der übrigen Welt, um nicht in die Leerheit des gewöhnlichen, geselligen Verkehrs hineingezogen zu werden, andrerseits des lebendigen persönlichen Umgangs mit den Lehrern, damit sie an ihnen das Edle und Schöne in recht freien Formen sehen. Damit wollte Schleiermacher nicht einem regellosen Anstreben gegen die gesellschaftliche Sitte das Wort reden, das würde für das Leben unbrauchbar machen, er forderte nicht wie Jakobi Freiheit des sittlichen Genius von überlieferten Regeln und Gesetzen, weil dieser seine sittliche Norm in sich selbst habe, er wollte nur gegen die sklavische Anbequemung an die Sitte, an das Herkömmliche, das ihm nur zu oft als Deckmantel der Heuchelei, Verlogenheit und Unsittlichkeit erschien, gegen eine Unterordnung, die nicht aus dem Innern stammt, Front machen, er wollte die Jugend wohl für das Leben, aber nicht für dessen Unvollkommenheiten erziehen. „Ungelecktes Bärentum" liebte er natürlich ebensowenig. —

Nichts vor allem schien ihm verderblicher für den Charakter, als wenn, wie es so häufig geschieht, die ersten Stufen des öffentlichen Dienstes in einen nur zu servilen Zustand hinabdrücken. Wird beim Uebergang vom Studium ins practische Leben, wo die Erziehung aufhört, in das vielen Eindrücken offen stehende Herz mit der Sorge für die Zukunft noch der Keim der Schmeichelei und Unterwürfigkeit gelegt, so ist das ja allerdings das schlechteste Ende der Erziehung. Eine selbstständige freie Haltung in den natürlichen Grenzen hielt er für eine der schönsten Früchte der Wissenschaft (580). In diesem Geiste individueller Freiheit, der Freiheit des Redens, des Hörens und des Benehmens — sich eben hierin unterscheidend von der auf katholischen, englischen und russischen Hochschulen herrschenden Gebundenheit — war 1810 die berliner Universität gegründet und eröffnet worden; sie war im grossen nationalen Sinne gedacht als eine Bildungsstätte des ganzen deutschen Volkes und darum in socialem Geiste d. h. in innigem Zusammenhange mit dem bürgerlichen und politischen Leben für die Wohlfahrt des Ganzen, für die Besserung und Hebung der Gesellschaft, frei von aller kleinstaatlichen Beschränktheit, aber frei auch von allem phantastischen Kosmopolitismus, fern von Fichtes ungeschichtlichen Ideen. Wilhelm von Humboldt folgte bei ihrer Gründung glücklicherweise nicht den radicalen Vorschlägen Fichtes, sondern besonnen den die alten Formen beibehaltenden Anträgen Schleiermachers.[1]) Die Universität Berlin, die den Geist des 19. Jahrhunderts repräsentiert, ist ein nationales Institut, die Verkörperung des Gedankens, dass die Kraft Preussens auf der Kraft der Intelligenz beruhe; beides verdient besonders hervorgehoben zu werden. Die Geschichte ihrer Gründung ist wichtig auch für unsere Frage, nicht nur weil Schleiermacher dabei beteiligt war und ihr ein eigentümliches Gepräge aufdrückte, sondern weil sie die Probe war auf das Exempel: kann individuelle und sociale Erziehung der Jugend das leisten, was man von ihr erwartet, die Wiedergeburt eines Volkes? In der tiefsten Not, als der Bau des alten deutschen Reiches und das im übermütigen Vertrauen auf die Unüberwindbarkeit seiner Waffen und im eigenen Ruhm eingeschlafene Preussen vor dem gewaltigen Sturm aus Westen zusammengebrochen war, als jeder deutsche Mann, gelehrt und ungelehrt, für die Befreiung des Vaterlandes arbeiten wollte, da richteten sich die Blicke voll Hoffnung und Erwartung auf das heranwachsende Geschlecht, da bemächtigte sich der Gedanke, durch Reform einer Nationalerziehung die Wiedergeburt des Staates herbeizuführen, der höchsten Kreise Preussens. Stein meinte: „Am meisten ist von der Erziehung und dem Unterricht der Jugend zu erwarten: wird durch eine auf die innere Natur des Menschen begründete

---

[1]) Vergl. zu diesen Ausführungen: Dr. P. Diebow: Schleiermachers Pädagogik im Lichte seiner und unserer Zeit.

Methode jede Geisteskraft von innen heraus entwickelt, und jedes edle Lebensprincip angereizt und genährt, alle einseitige Bildung vermieden, werden die bisher oft mit der grössten Gleichgültigkeit vernachlässigten Triebe, auf denen die Kraft und Würde des Menschen beruht, sorgfältig gepflegt, so können wir hoffen, ein physisch und moralisch kräftiges Volk aufwachsen und eine bessere Zukunft sich eröffnen zu sehen." So wurde diese Bildungsstätte geschaffen, um — wie Friedrich Wilhelm III. als Programm ihrer Thätigkeit hinstellte — durch geistige Kräfte zu ersetzen, was der Staat an physischen verloren hatte.

Für die Ausführung dieses Gedankens einer individuellen Erziehung zum Zweck socialer Bethätigung war Schleiermacher natürlich sofort zu haben: er hat in diesem Sinne bis an seinen Tod gewirkt.

Neben dem Individualismus stand der Universalismus als gleichberechtigt da: es war jener grossartige geistige Universalismus, der in den ersten Jahrzehnten des 19. Jahrhunderts von der deutschen Philosophie ausging, der die einzelnen Fachwissenschaften organisch in das allgemeine System eingliederte und jeder einzelnen nur soweit Berechtigung auf Wissenschaftlichkeit zugestand, als sie sich im gliedlichen Zusammenhang mit dem wissenschaftlichen Gesamtorganismus befand, indess sie wiederum die Philosophie mit den Erfahrungswissenschaften belebte und diese in der Philosophie einte. Es sollte sich nach Wilhelm von Humboldt, der hierin mit Schleiermacher und Fichte übereinstimmte, in der Berliner Universität ohne Vernachlässigung der Fachgelehrsamkeit das höchste Allgemeinmenschliche sammeln in Einem Brennpunkt, nicht die wissenschaftliche Bildung nach äusseren Zwecken ins Einzelne zersplittern. Aus echt protestantischem Geiste und in inniger Wechselwirkung mit einer freien lebendigen evangelischen Kirche, sowie mit einem sich verjüngenden nationalen Leben sollte sie eine universelle Stätte sein, die über dem Fleiss der Specialforschung den gesamten Wissenschaftsorganismus nicht aus den Augen lässt, um die studierende Jugend der Nation mit dem Geiste und den Idealen des Wissens und mit der Kraft hoher sittlicher Bildung zu durchdringen und dadurch mittelbar dem Vaterlande, der Kirche und der Gesellschaft würdige Glieder und wirksame Lehrer zu bereiten. Dieser universelle Geist ist der Universitätsgeist des 19. Jahrhunderts geworden, hat von Berlin aus seinen Weg über alle deutschen Hochschulen genommen.

Von der Philosophie[1] ausgehend sollte also nach Schleiermacher die Aussicht in die beiden grossen Gebiete der Natur und Geschichte eröffnet werden, und das Allgemeinste in beiden sollte nicht minder allgemein sein. Die philosophische Facultät ist demnach die Basis der übrigen, in ihr ist dem Wesen nach die eigentliche Universität enthalten; die theologische, juristische und medicinische Facultät sind nur Specialschulen; in der Philosophie lernt man die alles leitenden Grundsätze, die höchsten Principien, die strengste Wissenschaftlichkeit, in ihr den echten Gemeingeist, das sittliche Urteil, kurz alle die Grundsätze, an denen die Gegenwart gemessen, nach denen die Zukunft eingerichtet werden soll (564 f.).

Von diesen Gedanken, die ihren platonischen Ursprung nicht verleugnen können, kommt Schleiermacher zu folgenden Forderungen und Folgerungen: die gegenwärtige Form der Universitäten entspricht dem Zweck nicht ganz, weil zu gleicher Zeit die Vorbildung für einzelne Staatsgeschäfte und die Grundsätze der Wissenschaft mitgeteilt werden. Das beweist schon der Umstand, dass selbst den wenigen, welche zur Leitung der öffentlichen gemeinsamen Angelegenheiten kommen, die höchsten Grundsätze aus den Augen gerückt sind, so dass sie ihre hohe Bildung verleugnen, und die Philosophie somit wenig Einfluss auf die Art der Auffassung und die Führung des Berufs erlangt. Und doch ist die Bedeutung der höchsten Wissenschaft für die allgemeine Bildung und Kultur unverkennbar gross; alles würde tiefer sinken, wenn das philosophische Studium vernachlässigt würde; die wahrhaft sittliche Gemeinschaft, die nie ohne die richtige Gesinnung sich entwickeln kann, würde niemals zustande kommen, wenn die alles leitenden Principien nicht gegeben und verwirklicht würden (563, 574—77).

Da nun die Studenten berufen sind, nicht nur ein Amt mit mehr oder weniger untergeordneten Berufsgeschäften und Verwaltungsangelegenheiten zu versehen, sondern auch auf die Gestaltung des gemeinsamen Lebens im Grossen Einfluss auszuüben, wobei sie die höchsten Grundsätze anwenden müssen, so sollten sie mindestens das erste Jahr ihres academischen Aufenthalts der Philosophie widmen, der Wissenschaft im allgemeinen, um sich in den Principien festzusetzen, sich von allen wahrhaft wissenschaftlichen Disciplinen eine Uebersicht zu verschaffen, damit ihr allgemeiner Sinn nicht ganz unterdrückt werde von der vorherrschenden Gewalt des besonderen Talents

---

[1] Vergl. Gelegentliche Gedanken über Univ. S. 505, 581.

dann erst in ihr Specialfach sich vertiefen, das Fachstudium beginnen, um sich dem Staat auch auf einem besonderen Gebiet nützlich zu machen.[1]) Wir erinnern uns bei diesen Vorschlägen an Plato's Satz: „Nur wenn die Philosophen Herrscher werden, oder die gegenwärtigen Herrscher wahrhaft und gründlich philosophieren und Staatsgewalt mit Philosophie vereinigen, kann dem Staat zum Ziel verholfen werden" (565).

So ist es die Aufgabe der Universität, dem Gedanken der Wissenschaft zur Herrschaft über die Jünglinge zu verhelfen, sodass es ihnen zur Natur werde, alles einzelne nicht für sich, sondern in seinen nächsten wissenschaftlichen Verbindungen anzuschauen. Schon der Name Universität deutet darauf hin, dass eben hier nicht nur Kenntnisse und Wissensstoff eingesammelt werden, sondern die Gesamtheit der Erkenntnis dargestellt werden soll.

Dann ist auf der Hochschule vor allem der Ort, den Gemeingeist, die Gesinnung zu pflegen; hierauf legt Schleiermacher besonderen Nachdruck. Wir sind dieser Forderung schon bei der socialen Seite der Schulerziehung begegnet, hier ist ausführlich und im Zusammenhang über ihn zu handeln. Der sittliche und durch die Erziehung zu erstrebende Gemeingeist besteht darin, dass sich Jemand als berechtigtes und verpflichtetes Mitglied einer sittlichen Gemeinschaft weiss, besteht in dem gleichen Interesse aller an dem Gesammtleben an dem bürgerlichen Zustand, in der Begeisterung für ein grosses Ganzes und in dem lebendigen Gefühl, wie durch das Zusammenwirken weit mehr geleistet wird, als durch einzelne Kräfte. Diese Gesinnung, ein Handeln-wollen oder allgemeiner Wille (127, 134, 136) ist die höchste Aeusserung der Intelligenz, setzt Continuität des intelligenten Lebens voraus, ist das Gute, das Zusammenfallen des Allgemeinen und des Einzelnen (625). Jede Gesinnung nun, die politische, religiöse und wissenschaftliche bildet und vervollkommnet sich nur im Zusammenleben, in der Gemeinschaft mehrerer: sie wird durch Ausströmung aus den Gebildeteren und Vollkommeneren in den Neulingen aus ihrem Schlummer geweckt. So ist es denn zunächst Aufgabe der Familie, den Keim zum Gemeingeist in der Jugend zu pflanzen und gross zu ziehen. Leitstern und Richtmass für seine Entwickelung ist die auf Liebe beruhende natürliche Autorität der

---

[1]) Vergl. die ähnlichen Gedanken in einer Rede des Petrus Ramus († 1572) pro philosophica Parisiensis Academiae disciplina. Ziegler: a. a. O. S. 108.

ursprünglichen Erzieher: denn die in der Familie sich entwickelnde Liebe ist das Fundament aller Gesinnung wie des ganzen sittlichen Daseins: die Familienerziehung hat für die Unterwerfung des Zöglings unter die persönliche Autorität eines Einzelnen, sowie für die Gewöhnung, den eigenen Willen dem Gemeingefühl unterzuordnen, zu sorgen. — Das folgende grössere sociale Gebilde, die Schule, hat die Verpflichtung, dasjenige auf dem Gebiet der Gesinnung zu entwickeln, was sich unmittelbar auf das öffentliche Leben in seinem relativen Gegensatz zum Familienleben bezieht. Da die Anforderungen des bürgerlichen und kirchlichen Lebens der Jugend nur dann deutlich entgegentreten, wenn für sie selbst ein gemeinsames Leben organisiert ist, so sind die Anordnungen der Schule inbetreff des gemeinschaftlichen öffentlichen Zusammenseins für die Jugend von grosser Wichtigkeit, sofern hier jeder in die Ordnung des Ganzen hineingezogen wird, sich nur als Glied derselben fühlt, sein eigenes Ich durch die Gemeinschaft zurückgedrängt sieht, und alle unter einander und mit den Lehrern eine feste Gemeinschaft bilden, alle für einen und einer für alle steht. Der Gemeingeist der Schule und Familie ist teils schon der Ausdruck des Gemeingeistes der bürgerlichen Gesellschaft, teils bereitet er für das Leben im Staate vor; er darf natürlich mit diesem nicht in Widerspruch stehen: ist der bürgerliche Gemeingeist grossdeutsch, darf jener nicht particularistisch sein, wenn anders Schule und Familie wirksam auf das Leben im Staat vorbereiten sollen. Soweit der Gemeingeist nun auf der Gemeinsamkeit der Interessen eines Volkes beruht und das Lebensprincip und der Ausdruck eines wenn auch aus vielen Persönlichkeiten zusammengesetzten Ganzen ist, hat er noch etwas Selbstisches an sich, hat noch keine rein sittliche Gesinnung zur Folge. Sofern aber der besondere Typus eines bürgerlichen Gemeinwesens, eines Gliedes der grossen Völkerfamilie die diesem Volk eigentümliche Lösung der allgemeinen Aufgabe der Menschheit, eine individuelle Darstellung des sittlichen Grundsatzes sein soll, hat der Gemeingeist etwas Kosmisches, Allgemeines, wahrhaft Menschliches und deswegen Sittliches. Je mehr sich in der Individualität einer Nation, in dem Besondern und Eigentümlichen eines Volkscharacters dieses Allgemein-menschliche, dieser Völkerfamiliensinn offenbart, desto socialer, desto selbstloser ist der Allgemeingeist dieser bürgerlichen Gesellschaft, desto sittlicher (534—41).

Dieser sociale Geist, solche sittliche Gesinnung in der gesamten, auch der academischen Jugend — nicht zu ver-

wechseln mit dem rohen Corpsgeist der einen Bildungsanstalt
oder Corporation gegen die andere, der stets den Character der
Anmassung und Absonderung annimmt, bei dem die Jugend,
die sich bewusst ist, dass sie die höchste Bildung anstrebt, auf
hochmütige Weise an die Spitze stellt und auf alle anderen
heruntersieht — hat eine grosse sittliche Kraft, ist die beste
Sicherstellung der Ordnung, wirkt vorteilhaft auf die Gesinnung
und das Betragen, steigert und erhöht das Leben der Jugend
(534—41).

Diesen lebendigen sittlichen Gemeingeist in der academischen
Jugend, welche dereinst berufen ist, die Nation nach den
allgemeinen ewigen Ideen zu leiten, zu pflanzen ist Aufgabe
der Professoren. Ihnen hat Schleiermacher, der zu den hervor-
ragendsten Vertretern der Universitätspädagogen gehört, einst
in seinem „Gutachten über die academische Lehrthätigkeit" mit
gewohnter schneidiger Schärfe ihre wahren pädagogischen Aufgaben nahe zu bringen versucht, hat sie vor allem auf den
lebendigen Umgang mit den Studenten hingewiesen: die Vorlesungen dürften nicht der einzige Verkehr sein, vielmehr
müssten sie durch die Macht ihrer Persönlichkeit, durch die
Macht der Liebe und Ehre, durch alles, was edel und schön ist,
Einfluss auf die jungen Gemüter gewinnen, ihren Character
festigen, ihre Individualität herausbilden, vor allem in ihnen die
Anhänglichkeit an das Haus, an den Staat, die Kirche, ihren
künftigen Beruf, an alles, was Gesetz und Ordnung heisst,
lebendig erhalten und sie dann als ihr Werk an das Gesamtleben in den sittlichen Gebieten abliefern als Menschen Gottes
zu allem guten Werk geschickt. —

Das sind die weitausschauenden Gedanken des grossen
Mannes über die individuelle und sociale Erziehung auf den
Universitäten, Gedanken, die zum Teil heute noch ebenso ein
Ideal sind, wie sie es 1808 waren. Noch immer oder noch
mehr als damals sind die Universitäten Specialitäten, die einzelnen
Facultäten leisten für sich unbestritten das Höchste, aber die
Einheit unter ihnen ist verloren gegangen, nur äusserlich sind
die Studenten verbunden durch dieselbe Stadt, dieselben Vor-
lesungsräume und denselben Rector, innerlich ist kein Zusammenhang zwischen den verschiedenen Gebieten, die einzelnen Facultäten könnten ebensogut getrennt in verschiedene Viertel verlegt
werden, wie es ja mit der am weitesten aus dem Rahmen der
Universität herausgetretenen medicinischen Facultät bereits geschehen ist, sie lebt für sich im „Mediciner-Viertel."

Es fehlt die Vorrückung der Philosophie ins Centrum und

damit die zeitgemässe Umgestaltung mancher Facultätsstudien, es fehlt in der Regel die Verbindung der harmonischen Ausbildung der Leibeskräfte mit einer ebenso harmonischen Entwickelung der Geisteskräfte; vielfach herrscht nicht mehr der freie Geist des Forschens, er ist verdrängt durch ein ängstliches, möglichst schnelles „zielbewusstes" Einarbeiten in die Brotwissenschaft, oft ein handwerksmässiger Betrieb des Studiums. Ein Individualismus wird mehr und mehr herrschend, ein „Einspännertum", das nur das enge vorgesteckte Ziel im Auge hat, ohne sich um andere oder anderes zu kümmern, ohne Fühlung mit dem Volke zu haben und zu suchen, ohne auch nur den Gedanken zu fassen, in anderer Weise als im Beruf für den Staat, die Kirche oder das gesellige Leben zu arbeiten, es fehlt der sociale Sinn, das Bewusstsein der Zusammengehörigkeit der Menschen, das Gefühl der gegenseitigen Verantwortlichkeit, der sittliche Gemeingeist, wenn sittlich heisst: im harten Dienst an der Wohlfahrt des Ganzen arbeiten, willig und freudig auf das eigene Glück und Behagen verzichten und zu Gunsten anderer Opfer bringen können. Natürlich gilt dies mit rühmlichen Ausnahmen!

Und doch muss es bleiben bei den grossen Gedanken Schleiermachers, dass die Universität die Facultäten nicht scheiden darf, sondern suchen muss, das Leben in seiner ganzen vollen Wirklichkeit zu erkennen und die Jugend zu einem selbstbewussten Wirken in der Gesellschaft nach deren sämtlichen Thätigkeitszweigen zu befähigen, die reife Jugend nicht nur auf die theoretische Höhe der Zeit zu erheben, sondern sie auch instand zu setzen, mit Ernst und Entschiedenheit an der practischen Durchführung der grossen Grundsätze des Lebens mitzuwirken.

Zwar auf dem Gebiet der mechanischen Fertigkeit muss sich das gemeinsame Leben der Jugend nach den speciellen Beschäftigungen spalten, aber in den höheren geistigen Bildungsanstalten darf diese Trennung nicht stattfinden, damit das Bewusstsein von dem gemeinsamen Character dieser Bildung in Beziehung auf das bürgerliche Leben vollkommen erhalten werde. Schleiermacher fürchtet wohl nicht mit Unrecht, dass, wenn die Allgemeinheit in der Bildung fehle, alles auseinanderfiele, dass die Wissenschaft, aus ihrem Zusammenhang gerissen, aufhöre Wissenschaft zu sein, dass die Tradition und die Geschäfte, deren Grundlage die Wissenschaft sein soll, mechanisiert würden (251 ff.).

Mit dem Universitätsstudium ist die 3. Periode der Erziehung abgeschlossen und damit die fremde Erziehung überhaupt. Die Autorität einer andern Person stand am Anfang der Erziehung, am Ende derselben muss der Zögling von solcher Autorität frei sein; sein Gefühl und Urteil muss nun mit dem Gessmtgefühl und -urteil übereinstimmen. Jetzt tritt der also erzogene und gebildete Jüngling, vom Gemeingeist erfüllt, in das öffentliche Leben ein, um seine durch Bildung und Erziehung gewonnenen grossen Gesichtspunkte in Staat und Kirche, in der Familie und im freien geselligen Verkehr zu verwirklichen, ein möglichst nützliches Mitglied jener Lebensgebiete zu werden und an seinem Teil zur Hebung der Generation beizutragen. —

Kritische Beurteilung der Gedanken Schleiermachers.

Dies die Gedanken Schleiermachers über individuelle und sociale Erziehung: von seiner feinen verwickelten Darstellungsweise mit ihren Abwägungen, Einwürfen, Gegenüberstellungen und Einschränkungen kann freilich der obige Grundriss nur ein schwaches Bild geben, er hätte sonst sehr breit werden müssen. Uebrigens ist nicht zu leugnen, dass Schleiermacher durch diese Anwendung der heuristischen Methode, durch sein architectonisches, scholastisches Verfahren und die dialectische Kunst der Entwickelung sich oft zu verhängnisvoller Breite und Unklarheit hat verführen lassen. In seiner Lust am Schematisieren liebt er es, Gegensätze und Gegensatzpaare aufzustellen, durch ihre Kreuzung gewinnt er immer neue Einteilungen. Auf solchen nicht ohne Künstelei und Formalismus durchgeführten Einteilungen beruht z. B. die symmetrische Architectonik der Ethik. Schleiermacher verfolgte auch in der Wissenschaft einen Kunstzweck, wie er überhaupt mehr ein künstlerischer als ein wissenschaftlicher Character war.[1] Hartenstein urteilt über die Anlage der Ethik: „Ein dialectisches Ineinanderspielen der Gedanken, welches der strengen, ernsten Frage nach dem, was das Princip, und was die Folge ist, sich entzieht und wechselseitig von diesem auf jenes und von jenem auf dieses verweist." „Der grösste Teil des von ihm aufgestellten Systems der Sittenlehre ist kaum etwas anderes als ein netzartig geordneter Schematismus von

---

[1] Vergl. R. Haym in den preuss. Jahrbl. 1870 bei Besprechung von Dilthey's: „Schl's. Leben."

Begriffen".¹) Auch Paulsen²) fällt über die fehlerhaft an Schelling und Hegel sich anschliessende dialectische Methode Schleiermachers ein hartes Urteil³): die erstaunliche Virtuosität, mit welcher er einem weitvorausschauenden Schachvirtuosen nicht unähnlich, die von ihm selbst geschaffenen Begriffe solange gegen einander sich bewegen lässt, bis von ihnen die ganze Wirklichkeit gleichsam umstellt und gefangen genommen ist, hat etwas Fascinirendes . . . es ist wirklich erstaunlich zu sehen, wie die anscheinend einander fremdesten Dinge, dem Winke des Meisters gehorsam, sich willig in die überraschendsten Anordnungen und Beziehungen fügen, die der Zauberstab seiner Dialectik ihnen anweist. Hat man dem Spiel den Rücken gekehrt, dann hat man leicht den Eindruck, als sei die aufgewendete Gedankenarbeit auch nicht eben viel fruchtbarer verwendet als im Schachspiel: ein Spiel des Verstandes, nicht eigentliche Arbeit."⁴) Doch treten diese Mängel in der Erziehungslehre am wenigsten hervor.

Die psychologischen Voraussetzungen.

Was zunächst die Psychologie betrifft, auf die er ausdrücklich die Erziehung gegründet wissen will, so verdienen ihre leitenden Gedanken, die durchweg auf der richtigen Beobachtung des Lebens beruhen, alle Anerkennung, doch sie stellt nur in ihren Grundzügen ein klares und einheitliches Ganze dar. Vieles ruft den Eindruck des Unfertigen und Unklaren hervor, z. B. das Schwanken zwischen den verschiedenen Bezeichnungen, das Setzen der Persönlichkeit als Vernunftpunkt u. s. w. Die Psychologie soll doch fussen auf den Ergebnissen der durch Metaphysik vorgenommenen Bearbeitung des Begriffs „Ich," sie hat zum Hauptgegenstande die Erforschung des individuellen Seelenlebens; wie nun dieses entsteht, darüber giebt seine Psychologie keine Auskunft. Ja man darf mit Sigwart⁵) behaupten: der letzte Grund der Schleiermacherschen Theorie ist der, dass er das Wesen des Ich, des einzelnen Geistes nicht begriffen hat, vielmehr die Einheit der geistigen

---
¹) Vergl. Hartenstein; Grundbegriffe der ethischen Wissenschaften III, 724. — Vergl. auch Schl's. Sittenlehre § 44.
²) System der Ethik S. 159 f.
³) Vergl. die Proben aus der Ethik oben S. 30, 33.
⁴) Aehnlich Lotze: Gesch. der Aesth. S 166.
⁵) Jahrb. für deutsche Theologie Bd. 2, S. 860.

Functionen in einer bloss begrifflichen Allgemeinheit, statt in dem lebendigen Mittelpunkt der Persönlichkeit hat finden wollen." Wie also das individuelle Leben entstehe, darauf gab die Psychologie keine Antwort. Dagegen ist es ihre zweifellos richtige Meinung, dass es nur im Gegensatz zur Aussenwelt zum Bewusstsein komme. Wir beobachten alle eine Lebensstufe, auf welcher der Mensch weder sich von dem Anderen noch das Andere von sich zu unterscheiden vermag.[1]) Das Kind zerfliesst gewissermassen mit den umgebenden Dingen. Dieses Lebensstadium, das chaotische oder tierische, hat die eigentlich persönliche Function, das Bewusstsein, nur latenter Weise. Das Eigentümliche arbeitet sich erst allmählich aus dem Universellen, aus dem Zustande der relativen Ungeschiedenheit des Identischen und Eigentümlichen heraus. Wir spüren zuerst die Affectionen des Ausseruns, wohl vorzugsweise die hemmenden und störenden Affectionen, welche uns die Ueberzeugung aufnötigen, dass ausser uns noch anderes, fremdes Sein existiert, dass wir selbst ein eigenes besonderes Dasein bilden. Damit hat die Sonderung des Chaos begonnen; wir haben das Ich und das Nichtich gefunden; die Welt zerlegt sich vor uns in eine Vielheit einzelner besonderer Existenzen. Der eigentümliche Vorgang, in dem wir diese Entdeckung machen, ist das Bewusstsein. Mit diesem ist uns also ein dreifaches gewiss geworden: 1) wir sind ein eigenes Dasein, 2) es existiert ausser uns eigenes Dasein, 3) wir sind solange mit allen Daseienden unmittelbar eins, bis das Denken erwacht und uns aus dieser chaotischen Einheit heraushebt.[2]) — Hiermit hat Schleiermacher den rätselhaften Act des Bewusstseins freilich nicht erklärt. Das gesamte Weltleben bewegt sich in diesem Sonderungsprocesse. Allein es ist das Characteristische des Menschen, dass er ihn denkt und durch das Denken einen selbstthätigen Anteil an ihm nimmt. Derselbe Denkact, der uns dem dunkeln Mutterschosse des allgemeinen Seins entwindet und als ein besonderes Dasein hinstellt, vollzieht zugleich an unserm eigenen Denken und Dasein eine Scheidung; wir finden eine der Aussenwelt vorzugsweise zugekehrte Seite an uns, den Leib, die Sinnlichkeit, die Organisation, und wir behaupten uns in unserer dem Nichtich gegenüber gewonnenen Unabhängigkeit und Selbst-

---

[1]) Vergl. zu den folgenden Ausführungen: Bender S. 1—50.
[2]) Vergl. Psychologie herausgegeben von George 1862, S. 14—17. 126. 133. 407. 415. Doch vergl. Benders Urteil über die Psychologie: man wird nicht umhin können, ihr jede erhebliche Bedeutung für die heutige Psychologie abzusprechen. (S. 6.)

ständigkeit vermöge des Intellects. So gehört das Individuum mit der einen Seite der Aussenwelt, mit der andern einer es selbst überragenden Innenwelt an. Dieser Umstand findet seinen Ausdruck in dem Gegensatz der organischen und intellectuellen Function. Verbürgt die erstere unsern fortdauernden Lebenszusammenhang mit der Welt, so die letztere die Selbständigkeit unseres eigentümlichen menschlichen Daseins. In der ersteren soll sich die Individualität, wie sie bestimmt ist durch die Gemeinschaft, in der anderen die Individualität als solche zum Ausdruck bringen. — Hier müssen wir den **Begriff der Individualität** zur Sprache bringen. Es ist bekannt, mit welcher Begeisterung Schleiermacher in den Monologen diese Idee erfasste. Der Passus ist characteristisch für seine psychologische Grundanschauung:[1)]„Mir wollte es nicht genügen, dass die Menschheit nur da sein sollte als eine gleichförmige Masse, die zwar äusserlich zerstückelt erscheint, doch so, dass alles innerlich dasselbe sei. Es nahm mich wunder, dass die besondere geistige Gestalt der Menschen ganz ohne inneren Grund auf äussere Weise, nur durch Reibung und Berührung sich sollte zur zusammengehaltenen Einheit der vorübergehenden Erscheinung bilden. So ist mir aufgegangen, was seitdem am meisten mich erhebt, so ist mir klar geworden, dass jeder Mensch auf eigene Art die Menschheit darstellen soll, in eigener Mischung ihrer Elemente, damit auf jede Weise sie sich offenbare und alles wirklich werde in der Fülle des Raumes und der Zeit, was irgend verschiedenes aus ihr hervorgehen kann. Dieser Gedanke hat mich vorzüglich emporgehoben — ich fühle mich durch ihn ein einzeln gewolltes, also auserlesenes Werk der Gottheit. Allein nur schwer und spät gelangt der Mensch zum vollen Bewusstsein seiner Eigentümlichkeit, nicht immer wagt er's, darauf hinzusehen und richtet lieber das Auge auf den Gemeinbesitz der Menschheit, den er liebend und dankbar schon lange festhält, ja zweifelt oft, ob ihm gebühre sich als eigenes Wesen wieder gewissermassen loszureissen aus der Gemeinschaft." Das innere Leben soll kein Gesetz beschränken, was nur dem äusseren Thun gebieten darf; des eigenen Wesens werde auch nicht der kleinste Teil in falschem Hochmut geopfert. Hier erkannte er also als die höchste Aufgabe des sittlichen Einzellebens die vollkommenste Ausbildung der Individualität, feiert diese als das Abbild und die lebendige Verwirklichung des Ganzen, weil das Ganze nur in

---

[1]) Vergl. Monologe (Reclam's Ausg.) S. 22 f.

seinen Teilen Bestand habe. Die Universalität ist die Basis aller Individualität, die erst allmählich aus jener herauswächst, jene bildet daher immer die grösste Masse.¹) Schleiermacher war selbst ein Mann von scharf ausgeprägter Individualität, eigenartig angelegt und selbständig ausgebildet. Die Anschauung von der Individualität entwickelte sich bei ihm im Anschluss an die Monadenlehre Leibniz' und in Anlehnung an Herder und Jean Paul; von Leibniz hatte er jedes Einzelwesen in seiner eigentümlichen Bedeutung achten gelernt, doch fasst und begründet er es nicht nur metaphysisch, sondern auch psychologisch; weiter hatte er von Fichte's Idealismus, welcher das Ich zur Absolutheit erhob, einen tiefen Eindruck empfangen, die Subjectivität der romantischen Schule in sich aufgenommen und in Jacobi den Anwalt der freien individuellen Entwickelung geschätzt. Während seiner Verbindung mit Friedrich Schlegel und den übrigen Romantikern ging das Bestreben, die Berechtigung der Individualität und ihrer freien Entwickelung anzuerkennen sogar bis zur Einseitigkeit fort; so wenig er selbst jemals jener Strenge der sittlichen Grundsätze untreu wurde, in der sein eigener Character sich mit Kant's Einfluss begegnete, so war er doch in jener Zeit, wie die Briefe über Schlegels Lucinde beweisen (1800), gegen die Schwächen der Romantik so nachsichtig und selbst von ihr soweit berührt, dass er die Bedeutung der Schranken unterschätzte, welche dem Einzelnen durch die bestehende Sitte gezogen sind. In der Folge hat er sich von dieser Einseitigkeit befreit und die Aufgabe, jedem Einzelnen seine Eigenartigkeit zu wahren, ohne der Unbedingtheit der sittlichen Anforderung etwas zu vergeben, die Sinnlichkeit mit der Vernunft, das Recht der Individualität mit der Pflicht gegen die menschliche Gattung in Einklang zu bringen, mit dem glücklichsten Tacte gelöst. Zeitweise ist er sogar ins Gegenteil verfallen, wenn es in den Reden über die Religion scheinen konnte, als ob das Unpersönliche, Allgemeine als das Höchste und Vortrefflichste und das Persönliche und Eigentümliche jenem gegenüber nur als Beschränkung erscheine,²) als ob die persönliche Eigentümlichkeit im letzten Grunde nicht um des Einzelnen selbst, sondern um des Allgemeinen willen ausgebildet werde, denn nur als Besonderer kann er ja gegen das Allgemeine reagieren und damit zur Vervollkommnung der Gesamtheit beitragen.

¹) Grundriss der philos. Ethik S. 296.
²) Vergl. Schweizer: Einleitung zu Schl.'s Grundriss der philos. Ethik.

Jenem überschwänglichen Lobpreis der Bedeutung der Individualität in den Monologen hat die spätere begriffliche Ausführung nicht zu folgen vermocht. Sie hält den Gedanken zwar fest: jeder Mensch soll begriffsmässig vom andern verschieden sein, nicht nur nach Raum und Zeit, sondern so, dass die Einheit, aus welcher das in Raum und Zeit Gesetzte sich entwickelt, verschieden ist. Die Verschiedenheit besteht aber darin, dass die das menschliche Leben constituierenden Functionen in jeder Lebenseinheit auf verschiedene Weise gebunden sind, sowohl quantitativ nach dem Ueberwiegen der einen oder andern, als qualitativ nach der verschiedenen Lebenskraft. Die Individualität[1]) ist aber näher begründet zuerst in der Verschiedenheit der Temperamente, und diese unterscheidet Schleiermacher nach dem Ueberwiegen der Receptivität oder der Spontaneität, in der Verschiedenheit der Anlagen und Talente d. h. des besonderen Verhältnisses, in dem ein Zweig des Erkennens oder Handelns zur Gesamtheit der Functionen steht, in der geistigen Verschiedenheit der Geschlechter und endlich in der Differenz in der Succession der Momente, also in „der besonderen Mischung der Elemente der Menschheit", in dem verschiedenen Verhalten dessen zu einander, was die allgemein-menschliche Natur ausmacht. Mit Unrecht macht hier G. von Rohden[2]) Schleiermacher einen Vorwurf daraus, dass er die Individualität rein formal bestimme. Untersuchen wir mit Hülfe der Psychologie, ob sie überhaupt anders bestimmt werden kann. Unbestritten findet die Erziehung den kindlichen Geist nicht völlig unbestimmt vor, er ist nicht so leicht nachgiebig wie Wachs für Veränderungen, ist auch nicht ursprünglich inhaltsleer wie eine tabula rasa (Locke). Die Erfahrung zeigt, dass gar mancher Zögling nicht das wird, was die Erziehung bei ihm gewünscht hat, dass die Bildungsresultate bei Kindern, die unter ganz gleichen Verhältnissen erzogen werden, ausserordentlich verschieden sind, und dass gewisse Züge des Körpers und Geistes von der frühesten Jugend bis in das späteste Alter sich bei einem Menschen gleich bleiben. Die Natur hat in gewissem, wenn auch beschränktem Umfange über ihn schon verfügt und ihm vor aller Erziehung eine fest bestimmte Gestalt gegeben. Diese ist fortan nicht mehr veränderlich, selbst nicht unter dem Einfluss noch so wichtiger Potenzen, die Erziehung kann

---

[1]) Vergl. Erziehungslehre S. 590, 693.
[2]) Vergl. a. a. O. 56.

keinesfalls einen solchen Einfluss ausüben, dass der Zögling als
das Product der Einwirkungen des Lebens oder der Erzieher
angesehen werden müsste, wie Helvetius meinte. Diese
ursprüngliche Bestimmtheit des kindlichen Geistes reicht wohl
kaum soweit, dass sie den ganzen Geist umfasst, oder auch nur
das Willensgebiet, wie Kant lehrte, aber doch so weit, dass sie
als seine stärkste Seite angesehen werden muss, weil sie sich
während des ganzen Lebens der Art nach unverändert erhält.
Ihre Stärke zeigt sich auch darin, dass sie sich vererbt. —
Nun nimmt der Geist die innere Bildung erst durch die Beziehungen an, in die er zu anderen Wesen tritt. Die Elemente
des Organismus stehen mit Elementen der Aussenwelt in
Wechselwirkung, nehmen von ihnen eine Bestimmtheit. Alle
Bildung der Seele entsteht infolge solcher Reactionen; so gilt
wenigstens für den Anfang des geistigen Lebens der bekannte
Grundsatz Lockes: nihil est in intellectu, quod non fuerit in
sensu. Späterhin entsteht freilich vieles im Geist, was nicht in
den Materialien der sinnlichen Empfindung enthalten ist. Die
Reize und Anregungen nötigen die Seele nur, entsprechende
innere Zustände durch eigene Kraft in sich auszubilden, indem
sie darauf in eigentümlicher, ihrer Natur angemessener Weise
zurückwirkt und gleichsam antwortet, wie zuerst Leibniz richtig
gelehrt hat. — So gewiss nun jedes Individuum eine eigentümliche Lage und besondere Verhältnisse inmitten aller übrigen
hat, die sich bei keinem wiederholen, so gewiss jeder seinen
eigenen Leib und Organismus hat u. s. w., so gewiss hat jeder
seine besondere Bestimmtheit, die allmählich deutlicher zum
Vorschein kommt.

Diese angeborene Anlage der Individualität kann nicht in
Vorstellungen, Gefühlen und Strebungen, in bewussten quali-
tativen Zuständen der menschlichen Seele beruhen, dann würden
die Unterschiede viel zu gross sein. Angeborene Ideen, an die
man seit Plato und Descartes glaubte, kann es nicht geben.
Nun besteht das geistige Geschehen nicht bloss in qualitativ
bestimmten und unterschiedenen Zuständen, wie es Vorstellungen,
Gefühle und Strebungen sind, sondern es kommt dabei auch
teils eine gewisse Stärke und Lebendigkeit vor, teils ein gewisser Rhythmus der Bewegungen, letzterer ist hier rascher,
dort langsamer, ersterer hat bald eine grössere, bald eine geringere Energie und Dauer, dadurch entstehen individuelle
Unterschiede. Und nicht nur das: die verschiedensten Grade
des Rhythmus der Bewegung in der einen Reihe können auch
mit den verschiedensten Graden der Stärke und Lebendigkeit

des Vorstellens in der anderen Reihe alle möglichen Combinationen eingehen. So müssen unzählige gute und schlechte Anlagen, Naturen, ursprüngliche Geisteszustände hervortreten; der eine ist mehr Gefühls-, der andere mehr Verstandes-, der dritte mehr Willensmensch. In diesem Sinne gilt das Wort Schleiermachers, dass in keinem die ganze Vernunft und dass die eine Vernunft auch in jedem eine andere ist.[1]) Jedenfalls ist die angeborene Anlage sonach durchaus formal.[2]) Schleiermacher hatte Recht, wenn er sagte, dass das Ich, die Selbstheit oder Persönlichkeit sich von den übrigen Ichs durch das quantitative Verhältnis der verschiedenen Functionen des Ich in seiner Beziehung zur Aussenwelt unterscheidet, dass das Ueberwiegen des einen oder andern das Leben constituierenden Factors die individuellen Differenzen unter den Menschen bedingt.[1])

So steht uns die angeborene Anlage fest, wie sehr sie auch im einzelnen mit tiefem Dunkel bedeckt ist. Aber durch sie ist die Individualität noch nicht erschöpft. Es entsteht ausser der angeborenen Anlage eine zweite Art von ursprünglichem Geisteszustande, die mit der angeborenen Anlage zusammen die stärkste Seite des Geistes ausmacht und sich gleichfalls erblich wiederholt. Sie besteht in den ältesten, aus der eigentümlichen Umgebung im frühesten Kindesalter entspringenden Vorstellungen und den daraus sich entwickelnden anderweitigen bewussten Geisteszuständen von bestimmter Beschaffenheit. Da sie in der frühesten Kindheit erworben wird, hat man sie als erworbene Anlage bezeichnet; sie ist inhaltlich. Auf diesen Teil der Individualität nicht genügend hingewiesen, ihn nicht besonders behandelt zu haben, könnte man Schleiermacher allerdings zum Vorwurf machen.

Die universellen oder socialen Gesichtspunkte.

Nun kommt das individuelle Leben nach Schleiermacher nur im Contacte mit dem allgemeinen Weltleben zum Bewusstsein und zur Entwickelung, eben dadurch ist auch die Erweiterung und Bereicherung des Ich bedingt.[3]) Staat, Wissenschaft, Kirche, geselliges Leben waren aber die Gebiete, auf

---

[1]) Vergl. Bender a. a. O. S. 42 f.
[2]) Zu demselben Resultat kommt Lotze. Grundzüge der Psych. VI, § 7.
[3]) Vergl. Bender S. 44.

denen Schleiermacher mit hingebender Liebe arbeitete, das die sittlichen Lebensgemeinschaften, in denen die leitenden philosophischen und ethischen Gesichtspunkte verwirklicht werden müssen, in denen der Mensch seine Bestimmung erreichen soll, denen jeder seine Kraft widmen, an deren Vervollkommnung er arbeiten soll. Dies „Sich-eins-fühlen" mit der Gesamtheit und das Eintreten für dieselbe war bei ihm zu einer stehenden, bleibenden Stimmung und zu der entsprechenden Wirksamkeit geworden. Er sah stets auf den Zusammenhang im grossen Ganzen, nach ihm muss sich der Mensch der Gemeinschaft, der er angehört, nicht als Beschränkung, sondern als Erhöhung der eigenen Kraft, als Hülfe und Ergänzung der eigenen Bildung bewusst werden, das giebt seiner Pädagogik einen grossen socialen Stil. Durch seine Ethik, auf die sich die Erziehungslehre als anderen Pfeiler stützt, geht ebenfalls dieser sociale Zug hindurch, dass er das sittliche Gesamtleben, das religiöse wie das rechtliche und bürgerliche, die wissenschaftliche wie die künstlerische Thätigkeit in den Kreis der Ethik hineinzieht, dass er das Grosse und Ganze ins Auge fasst, das Einzelne aber nur als Glied und Abbild des Ganzen betrachtet, auf welches das Sein und Handeln des Individuum bezogen werden muss. In der Hervorhebung der Bedeutung der Individualität liegt der eigentliche Fortschritt der Ethik Schleiermachers über Fichte, in der Betrachtung des sittlichen Handelns der Einzelnen im Ganzen der sittlichen Aufgabe der Menschheit ihr Fortschritt über Kant. Diese sittliche Aufgabe wird bereits in den Monologen dahin bestimmt, dass sie a) Organisation der Natur, die Herrschaft über dieselbe, b) Darstellung und Vollendung der Menschheit in ihren unendlich vielen Individualisierungen sei, und zwar soll die Organisation der Natur als Mittel zum Zwecke der Bildung der Persönlichkeit und der Versittlichung der menschlichen Gesellschaft verstanden werden. So hebt Bender[1]) mit Recht als das bleibende Verdienst der Schleiermacherschen Ethik hervor: 1) dass die sittliche Aufgabe des Einzelnen als Teil der Gesamtaufgabe der Gemeinschaft verstanden wird, 2) dass die sittliche Characterbildung von der Ausübung der besonderen Berufspflichten erwartet wird. Ist durch den ersten Grundsatz der Gesichtskreis der Kantischen Personalethik überschritten, so verbietet der zweite die asketische oder ceremonialgesetzliche Auffassung der Tugendbildung. Vielmehr stehen Tugendbildung

---

[1]) Vergl. Bender a. a. O. S. 107.

und Pflichtübung in der Weise in Wechselwirkung, dass jede durch die andere bedingt ist, während beiden ihr gemeinschaftlicher und universeller Character gewahrt wird durch die Beziehung auf die Idee des höchsten Gutes oder die Totalität der sittlichen Aufgabe des Menschengeschlechts.

Man hat nun die Formel, unter welcher Schleiermacher das gesamte sittliche Leben begreift, Ausprägung der ganzen Vernunft in der Totalität der Natur vermittelst der menschlichen Persönlichkeiten, teils zu weit, teils zu enge und jedenfalls als zu vag und leer gefunden, so namentlich die Hauptgegner Schleiermachers, die Herbartianer.[1]) Das liegt aber in der Natur der Sache und trifft schliesslich alle allgemeinen Definitionen. Die Formel schliesst weder den besonderen sittlichen Beruf des Einzelnen noch auch die Aufgabe der Versittlichung der Menschheit aus, wie Vorländer mit Unrecht bemerkt. Allerdings hätte dieser letztere Zweck als der eigentliche Endzweck des sittlichen Processes schärfer hervorgehoben werden müssen. Im ganzen ist nicht zu leugnen, dass diese damals epochemachende Ethik einen sehr günstigen Einfluss auf die Erziehungslehre ausgeübt hat. Im einzelnen ist zuzugeben, dass Schleiermacher jene Vielheit von Sphären z. B. wieder lediglich durch ein künstlich- dialectisches Verfahren gewinnt nach den 4 Richtungen des höchsten Gutes.[2]) Jede derselben umfasst in ihrer Art alle Verhältnisse, Beziehungen und Bildungskreise des sittlichen Daseins: der Staat, sofern sie äussere rechtliche Existenz haben, die Wissenschaft, sofern sie an die Sprache gebunden sind, die Kirche, sofern sie auf der Gesinnung ruhen; die freie Geselligkeit, deren Character darin besteht, dass man sein Eigentum andern aufschliesst und das Eigentum anderer sich aufschliessen lässt, umfasst alle ohne Weiteres als gemeinstes Bildungsgebiet. Die Coordination dieser 4 Formen wird nun freilich nicht erörtert, ebensowenig das Princip, nach der sie als Teile eines Ganzen angesehen werden sollen. Ferner ist es auffällig, dass die Familie nicht unter ihnen aufgezählt wird. Das beruht nicht etwa auf Geringschätzung derselben, im Gegenteil er denkt und spricht so hoch von ihr, wie kaum je ein anderer, besonders in der 4. Rede über die Religion, sie ist ihm „das Fundament der Kirche, des Staates, des freien geselligen Verkehrs, sie kann

---

[1]) Unter anderen Hartenstein: Grundbegriff der eth. Wissenschaft S. 116.
[2]) Erziehungslehre S. 675.

das gebildetste Element und das treueste Abbild des Universum sein, denn, wenn still und sicher alles in einander greift, so wirken hier alle Kräfte, die das Unendliche beseelen, wenn in ruhiger Fröhlichkeit alles fortschreitet, so waltet der hohe Weltgeist hier wie dort. Dieses Heiligtum mögen die Menschen bilden, ordnen und pflegen . . ., mit Liebe und Geist mögen sie es auslegen, so wird mancher von ihnen und unter ihnen das Universum anschauen lernen in der kleinen, verborgenen Wohnung, dem Allerheiligsten." Die Familie hielt er wie Pestalozzi für die vorzüglichste Bildungsanstalt, von deren gesunder, naturgemässer Ausgestaltung das gesamte Volksheil, besonders die Erziehung abhängig sei. „Es giebt kein sittliches Gut, das sich nicht in ihr fände, und kein sittliches Thun, das sie nicht zum Ausgang nehmen müsste." Wegen dieser elementaren und grundlegenden Bedeutung wird der Begriff der Familie in der Ethik von Schleiermacher isoliert, um als Grundlage aller sittlichen Formen nachgewiesen zu werden. Aus dieser eminenten Bedeutung für das ganze sittliche Leben leitet er auch das Recht der Familie ab, zunächst in der Erziehung der Kinder ihre individuelle Art zu behaupten, ohne dass er den Versuch machte, mit demselben die universellen Pflichten der Familie namentlich dem Staate gegenüber auszugleichen.[1])

Wichtig ist endlich für die sociale Seite der Erziehung und charakteristisch für Schleiermacher der Gedanke von dem kommenden goldenen Zeitalter der Menschheit, dem idealen Zukunftsstaat, dem irdischen Paradies der Menschen; er glaubte fest, dass ein besserer Zustand der Gesellschaft und Menschheit möglich, dass eine Vollkommenheit auf Erden erreichbar sei, und zwar erfüllte ihn der Kantische Gedanke, dass hinter der Erziehung das grosse Geheimnis der Vollkommenheit stecke, dass es daher Aufgabe sei, die Kinder dem zukünftig möglich besseren oder besten Zustand des menschlichen Geschlechts d. h. der Idee der Menschheit und deren ganzer Bestimmung angemessen zu erziehen. Eine Generation soll die folgende überragen, damit die Menschheit fortschreitend sich immer mehr ihrem Ideal nähere, der Verwirklichung der Menschheitsidee, der in der Gesamtheit schlummernden Keime und Anlagen, kurz dem höchsten Gut. Dieser der platonischen Philosophie entstammende, von Schleiermacher mit Vorliebe behandelte Begriff bezeichnet nicht ein einzelnes, sondern die Totalität aller

---

[1]) Vergl. Grundriss d. ph. Ethik S. 123 ff, Entwurf . . ., S. 164 ff, 259 ff. 266 ff.

sittlichen Güter; für den Einzelnen giebt es kein höchstes Gut, sondern nur für die Gesamtheit; es geht aus der Gesamtthätigkeit der ganzen Menschheit hervor und wird in seiner Vollendung geschildert[1]) 1) als das goldene Zeitalter, in dem nach vollendeter Herrschaft des Menschen über die Natur die sittliche Thätigkeit nur noch als Kunst und Spiel hervortrete, 2) als ewiger Friede und freie Gemeinschaft aller politischen Vereine, 3) als Vollständigkeit und Unveränderlichkeit des Wissens in der Gemeinschaft aller Sprachen, 4) als Himmelreich in der Selbstdarstellung des innersten, die freie Gemeinschaft suchenden Bewusstseins, in welcher zugleich jeder Einzelne zur persönlichen Vollkommenheit d. h. zur Tugend und Glückseligkeit gelangt.

Eine sehr bezeichnende Schilderung des gegenwärtigen Elends und einstigen Glücks findet sich in der 4. Rede: „Jetzt seufzen Millionen von Menschen beiderlei Geschlechts, jeden Standes unter dem Druck mechanischer und unwürdiger Arbeiten. Die ältere Generation erliegt unmutig und überlässt mit verzeihlicher Trägheit in allen Dingen fast die jüngere dem Zufall, nur darin nicht, dass sie gleich nachahmen und lernen muss dieselbe Erniedrigung. Das ist die Ursache, warum die Jugend des Volkes den freien und offenen Blick nicht gewinnt, sondern sklavisch wird. Denn ein Sklave ist jeder, der etwas verrichten muss, was durch tote Kräfte sollte können bewirkt werden. Das hoffen wir von der Vollendung der Wissenschaften und Künste, dass sie uns diese toten Kräfte werde dienstbar machen, dass sie die körperliche Welt und alles von der geistigen, was sich regieren lässt, in ein Zauberschloss verwandeln werde, wo der Gott der Erde nur ein magisches Wort auszusprechen, nur eine Feder zu drücken braucht, wenn geschehen soll, was er gebeut. Dann erst wird jeder Mensch ein freigeborener sein, dann ist jedes Leben practisch und beschaulich zugleich; über keinem erhebt sich der Stecken des Treibers, und jeder hat Ruhe und Musse, in sich die Welt zu betrachten. Kommt die glückliche Zeit, da jeder seine Sinne und geistigen Kräfte frei üben und brauchen kann, nicht mehr das ganze Dasein unermüdet in mechanischem Dienst verwenden muss, dann wird der belohnte Vater den kräftigen Sohn nicht nur in eine fröhliche Welt und in ein leichteres Leben leiten, sondern auch unmittelbar in die heilige nun zahlreichere und geschäftigere Versammlung der Anbeter des Ewigen." Dann

---

[1]) Vergl. Bender S. 117 f.

wird auch die Erziehung nicht mehr notwendig sein; denn bei einer vollkommenen, sittlichen Gestaltung aller Lebensgebiete würde nur noch Gegenwirkung auszuüben sein gegen das, was etwa von innen heraus beim Zögling sich entwickelt, aber das würde von selbst verschwinden, da der Einzelne nur ein unendlich kleiner Teil im Verhältnis zum Ganzen ist, also das Kleine vom Grossen leicht überwunden werden muss. Je vollkommener die Organisation der Lebensgemeinschaften, und je grösser die Harmonie zwischen dem Ganzen und den Einzelnen ist, desto weniger wird die Erziehung Gegenwirkung auszuüben haben; ja selbst die Unterstützung brauchte dann weniger absichtlich und methodisch zu sein, auch die Kenntnisse und Fertigkeiten würden durch den freien geselligen Verkehr der älteren und jüngeren Generation von selbst vermittelt; kurz die Einwirkung auf die jüngere Generation würde nichts anderes sein, als ein Ausfluss der Sitte, die ohne besondere Theorie und Methode bestehen könnte; die Erziehung hätte sich selbst überflüssig gemacht.[1])

Diese Gedanken können ihren platonischen Ursprung nicht verleugnen, sie sind und bleiben Phantasien und Utopien, die wir auf Rechnung des Idealismus Schleiermachers setzen müssen. Es wäre unrecht, hierauf ein Verwerfungsurteil der Erziehungslehre gründen zu wollen.[2]) Allerdings liegt diesen Ausführungen ein schwerer Fehler der Schleiermacherschen Pädagogik zu Grunde, wir können ihn hier nur streifen. Er nahm wie Rousseau und Fröbel an, dass sich der Geist, einer Pflanze, einem Keim gleich aus innerem Triebe heraus entwickele, wenn nur günstige Bedingungen dafür vorhanden seien, dass demnach die erziehende Thätigkeit durch Unterstützung und Gegenwirkung wirklich erschöpft sei, weil alles, was die eigentliche Gestaltung der Persönlichkeit ausmache, die äusseren Einwirkungen sowohl wie die Entwickelung der Selbstthätigkeit vermöge ihrer inneren Entwickelungskraft auch ohne Erziehung von selbst erfolge. Das widerspricht der Erfahrung; Erziehung und Unterricht müssen vielmehr eine Menge von Keimen selbst in den Geist des Kindes legen. Der Mensch bedarf, wie Herbart[3]) mit Recht behauptet, der Kunst, die ihn erbaut, damit er die rechte Form bekommt.

---

[1]) Vergl. Rhoden S. 22, 66.
[2]) Wie es die Herbartianer thun. Rohden S. 66 f.
[3]) Vergl. Pädagog. Schriften I, 310.

Zusammenhang dieser Gedanken mit dem philosophischen System Schleiermachers.

Wenn wir nunmehr die oben entwickelten individuellen und universellen Gesichtspunkte, die psychologischen und ethischen Voraussetzungen überschauen, uns des doppelten Zieles der Erziehung erinnern, der Entwickelung der persönlichen Eigentümlichkeit und der Hineinbildung in die Gemeinschaft, so wird dem Kundigen sogleich klar, dass diese Gedanken unmittelbar in den metaphysischen Principien Schleiermachers ihre Wurzel haben. Seine ganze Philosophie bewegt sich in dem Gegensatze des Allgemeinen und Besonderen, der Einheit und Mannigfaltigkeit. Dass der Einzelne nur im Ganzen und das Ganze nur in den Einzelnen zur Darstellung kommt — das waren die beiden Pole, um welche sich von Anfang an der Gedankenkreis Schleiermachers drehte; sie sind es bis zuletzt geblieben. Dass das Einzelne im Ganzen und das Ganze im Einzelnen verstanden werden müsse, ist der kritische Kanon seiner Wissenschaft geworden; dass das Leben in der Wechselwirkung des Einzelnen und des Ganzen, dem er angehört, mag es Familie, Beruf, Vaterland, Menschheit oder Welt heissen, geradezu besteht und von jener unendlichen Einheit alles Seins, aus der alles individuelle Leben hervorgeht, zusammengehalten und getragen werde, ist seine philosophische Ueberzeugung geblieben. Jeder Lebensact, heisst es schon in den Reden, besteht in dem Werden eines Seins für sich und eines Seins im Ganzen. Demgemäss sind in der menschlichen Seele zwei Grundtriebe zu unterscheiden, der individuelle, vermöge dessen wir ein besonderes eigenes Dasein bilden und die übrige Welt uns aneignen wollen, und der universelle oder sociale, vermöge dessen wir uns von der bangen Furcht der Vereinzelung ergriffen an das grosse unendliche Ganze rückhaltlos hingeben. Alle Lebensregungen der Seele sind sowohl Ausdruck des Bestrebens, alles, was sie umgiebt, an sich zu ziehen, in ihr eigenes Leben zu verstricken und der Sehnsucht, ihr eigenes inneres Leben von innen heraus immer weiter auszudehnen, alles damit zu durchdringen. In dem Wechsel dieser beiden Triebe besteht der Verlauf des zeitlichen Lebens.

Der Mensch findet sich also zuerst als Individuum im Gegensatze zu andern Individuen, dann als Glied der einen menschlichen Gattung im Gegensatze zur Natur, endlich als Glied der aus Menschheit und Natur zusammengesetzten Welt, wobei jeder weitere Gegensatz ausgeschlossen ist. Vom Unbewussten zum Bewussten, vom Receptiven zum Spontanen, vom Individuellen zum Universellen, vom Gegensätzlichen zur allgemeinen und absoluten Einheit, zur Ausgleichung aller Gegensätze — das ist in grossen Zügen der Weg, welchen der Lebensprocess bei normaler Entwickelung nehmen soll. Selbst den Tod glaubte Schleiermacher nicht anders ansehen zu sollen als ein Uebergewicht des universellen Processes über den individuellen.[1])

Beurteilung der Vorschläge für die individuelle und sociale Erziehung.

Aus dieser seiner philosophischen Grundanschauung erklärt sich die Forderung einer individuellen und universellen Erziehung. Ihr doppeltes Ziel sollte sein die Entwickelung der persönlichen Eigentümlichkeit und das Tüchtigmachen für die grösseren Lebensgemeinschaften[2]) und zwar beides in gleicher Weise. Sehen wir uns daraufhin obige Darstellung der individuellen und socialen Erziehung an, so werden wir bald zu der Einsicht kommen, dass Schleiermacher seine Aufgabe nur teilweise gelöst hat.

Was zunächst die individuelle Seite betrifft, so giebt er zwar wertvolle Ratschläge, die Eigentümlichkeit des Kindes zu belauschen, zu schonen und zu fördern, sofern sie der Idee des Guten entspricht; die reine einheitliche Familienerziehung soll sie besonders entwickeln helfen, in der Volksschule soll sie wenigstens in etwas zu ihrem Rechte kommen, in der Bürgerschule mehr berücksichtigt werden; auf dem Gymnasium und der Universität endlich ist die höchste individuelle Ausbildung, die Läuterung und Veredelung der Eigentümlichkeit zu beginnen, um im practischen Leben vollendet zu werden; aber wie dies geschehen soll, darüber sagt die Erziehungslehre wenig, abgerechnet etliche Ratschläge für die academische Jugend, der das Recht völliger Freiheit für die ungehinderte Herausbildung des Eigentümlichen zugesprochen wird. So sind wir denn für die Grundsätze der Selbsterziehung auf seine anderen Werke besonders Reden, Monologe, Briefe und die Ethik, sowie auf die eminent erzieherische Persönlichkeit Schleiermachers selbst hingewiesen: er erzog sich selbst bis an sein

---

[1]) Vergl. Psychologie S. 40.
[2]) Vergl. Erziehungsl. S. 95.

Ende, sein ganzes Leben war ein zusammenhängender Act grossartigster Selbsterziehung, ein fortwährender Process innerer Läuterung; bis an seinen Tod blieb er ein Werdender und Lernender — er der bewunderte Lehrer. Ihn beseelte das unersättliche Verlangen und das ernstliche Bemühen, sein eigenes Wesen weiter zu bilden und zu vervollkommnen. Den reinen idealischen Menschen, den ein jeder der Anlage und Bestimmung nach in sich trägt, hat er frei machen und darstellen wollen; mit ihm in allen wechselnden Verhältnissen des wirklichen Lebens übereinzustimmen, galt ihm als das höchste Ziel seines Lebensberufes. Die Selbstbildung vollzieht sich in der Erkenntnis und in der Liebe, durch welche der Mensch zugleich sich in die Menschheit eingliedert.[1]) Dabei muss der Mensch zu sondern wissen, was in seinem Dasein er selbst, und was fremdes von der Welt her ist, muss wissen, wie es in einander wirkt, und wie es zu scheiden ist. Wer sich zu einem bestimmten Wesen bilden will, dem muss der Sinn geöffnet sein für alles, was nicht er ist, und dieser allgemeine Sinn, wie könnte er wohl bestehen ohne Liebe? Keine Bildung ohne Liebe und ohne eigene Bildung keine Vollendung in der Liebe, eins das andere ergänzend, wächst beides unzertrennlich fort (Monologe). Daher gilt die Regel: „Betreibe alles universelle Aneignen mit Vorbehalt deiner Individualität" und „Eigne dir so an, dass du das Angeeignete schon an dir findest und finde alles an dir so, dass du es dir aneignest." (Philos. Ethik 221—25). Solche Bildung der eigenen Individualität ist nur möglich in lebendiger Gemeinschaft mit anderen Individuen, diese Gemeinschaft muss man daher nach Schleiermacher für die eigene Vollendung fruchtbar machen, sie nicht als Genuss, sondern als Gelegenheit betrachten, sich mit Liebe den Menschen hinzugeben, sein Wesen ihnen aufzuschliessen und wiederum andere kennen zu lernen, von ihnen zu empfangen. Nur wenn man sich mit ihnen vergleicht, kann man das Bewusstsein eigener Eigentümlichkeit erhalten, und ihre Entwickelung erhöht das Dasein des Menschen selbst, ist des eigenen Lebens Blüte (Monologe). Die angeschaute Eigentümlichkeit regt auch wieder die Individualität anderer auf, indem sie die in ihnen mehr oder minder entwickelte Eigentümlichkeit anwenden (Philos. Ethik S. 298). Neben der Geselligkeit hielt er die Familie für den gegebenen Ort, die Individualität auszubilden. Aus der Verbindung von Mann und Frau soll durch eine wechsel-

---

[1]) Vergl. Bender a. a. O. S. 100.

seitige Unterstützung und Ergänzung, durch einen gemeinsamen Wandel in liebevoller Gesinnung für einander ein neuer gemeinschaftlicher Wille und das reichste und schönste häusliche Leben hervorgehen, welches darin besteht, dass gleichgesinnte Menschen von verschiedener Individualität, aber in Liebe vereinigt, ihren Sinn gegen einander aussprechen, ihr Dasein einander mitteilen, die inneren Bewegungen des Gemüts, die Früchte ihrer Erkenntnis, alles, was die Welt und das Leben in ihnen anregt, gegen einander austauschen und so in einander und durch einander leben, sich gegenseitig selbst erziehen durch stillen, demütigen Wandel zu Selbstlosigkeit, Selbstbeherrschung und Selbsthingabe.

Sonderbarer Weise ist von der Begründung eines sittlichen Characters, der doch das Ziel jeder Erziehung sein muss, in Schleiermachers Pädagogik nirgend die Rede, ein Punkt, der ihm viele Vorwürfe eingetragen hat; wohl spricht er von der Bildung der Gesinnung, aber dieser Begriff hat bei ihm einen von der richtigen Auffassung des individuellen Characters sehr abweichenden Sinn; Gesinnung ist im wesentlichen Gemeingeist. Indessen mag auch der Name fehlen, die Sache ist da: auch Schleiermacher fordert als Aufgabe des Unterrichts schon der Volksschule eine feste Gestaltung des Innern, Bildung der Urteilskraft und des practischen Denkens und der Begriffe auf dem empirischen Gebiet, praetische Volkslogik gegen Aberglauben und Schlendrian, Bildung des moralischen und geselligen Lebens und Urteils; und wer so an sich und andern arbeitet, wer so danach trachtet, in ununterbrochener Entwickelung fortzuschreiten, durch immer neues Thun und Denken im kurzen Leben noch das eigene Wesen so weit es möglich zu vollenden, wer weiter die religiöse Tiefe hat und von Gemeingeist beseelt ist, der hat eben Character.

Die andere Hauptaufgabe der Erziehung war das **Hineinbilden in die sittlichen Lebensgemeinschaften**. Der Einzelne war auszubilden in der Aehnlichkeit mit dem grösseren Ganzen, dem er angehört. Diesen Teil der Erziehungsaufgabe hat Schleiermacher mit grosser Ausführlichkeit behandelt, ja er hat ihm einen unverhältnismässig breiten Platz eingeräumt besonders auf dem Gebiet der Volks- und Bürgerschule, etwas weniger auf dem der Gelehrten- und Hochschule. Die Erziehung sollte den Menschen als ihr Werk an die Gesamtheit abliefern, infolge dessen richtet er die Gestaltung des Werkes ganz nach den Forderungen des Abnehmers ein, überall ist das Ziel die

Ausübung eines Gewerbes massgebend,[1]) so wird die Wahl der Unterrichtsfächer lediglich nach politischen Motiven bestimmt, die geistige Ausbildung des Einzelnen, der wissenschaftliche Wert des Gegenstandes ist nicht entscheidend, stets das Interesse des bürgerlichen Lebens, die späteren Verhältnisse des Zöglings. Geschichte, Geographie, Deutsch wird gelehrt, nicht weil sie Geist und Gemüt bilden, sondern weil man sich nur mit ihrer Hülfe in der Welt, im Handel, in der Industrie zurecht finden kann; kein Lehrstoff darf genommen werden, welcher nachher im Leben selbst eine Geltung verliert;[2]) die Uebung der Kräfte soll überall an einem Stoff versucht werden, der im künftigen Leben seinen Wert behält.[3]) Die Jugend des Gymnasiums und der Universität soll fähig gemacht werden, in dem umgebenden Leben ihren Pflichten und Aufgaben zu genügen, die gegebenen Verhältnisse nicht nur zu erhalten, sondern auch zu bessern und umzugestalten, die Idee des Guten und die Bestimmung der Menschheit zu verwirklichen. — Nur ein Gegenstand kommt wegen seiner geist- und gemütbildenden Bedeutung in Betracht, die Religion, und die ist nicht einmal Unterrichtsfach. Ihr weist Schleiermacher in der Erziehung den höchsten, im Unterricht eigentümlicher Weise keinen Platz an.[4]) Diese befremdliche Ansicht, die uns bei einem so tief religiösen Mann wie Schleiermacher wundernimmt, hat ihm viel Anfeindung eingetragen, — Rohden[5]) verurteilt deswegen seine ganze Erziehungslehre, — sie hängt zusammen mit seiner Anschauung von Religion und Kirche. Sein pantheistischer Gottesglaube, der mit seiner Begeisterung für das Universum in Spinoza seinen Ursprung hat (es war der idealistisch umgebildete und belebte Spinozismus eines Mannes, der von Plato und von Leibniz, von Kant, Fichte und Schelling die bedeutendsten Einwirkungen erfahren hat) sah die Elemente der Religion darin, dass sich der Mensch dem hohen Weltgeist, dem Unendlichen, dem Universum hingebe und sich erregen lasse von der Seite desselben, die es ihm eben zuwendet, und dann dass er diese Berührung nach innen zu fortpflanze und in die innere Einheit seines Lebens und Seins aufnehme. Religion in dieser Gestalt ist als Unterrichtsfach freilich unmöglich, aber solche allgemeinen frommen Gefühle, Empfindungen und Gemütszustände sind nur ein Teil,

---

[1]) Vergl. S. 419; [2]) 418 [3]) 383.
[4]) Wie Pestalozzi und später L. Wiese: der Religionsunterricht in den höheren Lehranstalten, Potsdam 1890.
[5]) S. 96.

sind nur die subjective Seite des religiösen Lebens. Daneben hat das Leben Gottes in dem Menschen auch eine objective Seite: die Religion ist im Menschen durch eine Offenbarungsthat Gottes gesetzt. Das Christentum muss also den nachwachsenden Geschlechtern als etwas Gegebenes überliefert werden, das Kind findet den objectiven Offenbarungsgehalt des Christentums schon vor und soll mit seiner subjectiven religiösen Anlage diesen Inhalt, diese bestimmten Vorstellungen ergreifen. Die subjective Seite muss — darin hat Schleiermacher unbedingt recht — aus dem kindlichen Geist und Gemüt hauptsächlich durch den Einfluss der Umgebung, die christliche Atmossphäre hervorwachsen, will nicht gelehrt, sondern gelebt sein, aber die objective Seite muss durch den Unterricht genährt und gepflegt werden, das hat Schleiermacher nicht genügend gewürdigt. Zur Entschuldigung dient ihm seine ideale Auffassung vom christlichen Haus und von der evangelischen Gemeinde, er rechnet mit einer Fülle christlicher Häuser und Familien, mit einer christlichen Erziehung, mit der Voraussetzung, dass die christliche Gesinnung in der rechten Intensität überall gleichmässig verbreitet würde. Solcher Idealismus that sich z. B. kund in dem Worte aus der Erziehungslehre (S. 227): „Religiös lebendig einzuwirken auf die Gesinnung anderer wird von allen erwartet, sodass eine vollkommene Wechselwirkung stattfindet; die Gesinnung soll in der religiösen Gemeinschaft in allen gleich stark sein und gleich kräftig nach aussen wirken." Solange diese Bedingungen nicht erfüllt sind, — und sie werden nie erfüllt sein — kann weder Kirche noch Schule auf den religiösen Unterricht verzichten. Sicherlich ist die religiössittliche Bildung der Kinder ausserordentlich schwer, sie fordert eine christliche Persönlichkeit, aber sie ist weder unmöglich noch wertlos. Glauben und Wissen stehen in Wechselwirkung, eins vertieft das andere; ein gewisses Mass von Kenntnis und Erkenntnis, ein bestimmter Lernstoff gehört zur Religion, um sie stets gegenwärtig zu haben und andern mitteilen zu können, damit sie nicht nur unbestimmtes Gefühl bleibe, sondern concrete Gestalt annehme.

Wert und Bedeutung der Theorie Schleiermachers.

Wenn wir diese Ausführungen über individuelle und sociale Erziehung überblicken, so ist anzuerkennen, dass sie wie alles von Schleiermacher viele treffende Beobachtungen, viele fruchtbare pädagogischen Gedanken, wichtige Winke und gute Ratschläge enthalten; besonders wertvoll scheint mir, was er über die Bedeutung des Gemeingeistes, eines gemeinsamen Lebens auch der erwachsenen Jugend, über die Fortbildungsschule, über die Wichtigkeit des Geschichtsunterrichts für das Verständnis der Gegenwart, über Freiheit der Wissenschaft, Hebung der Volksschule u. s. w. sagt. Was die Erziehungslehre auch für uns bedeutungsvoll macht, ist der sociale Zug, der sie durchweht. Dadurch unterscheidet sie sich z. B. von derjenigen Herbarts, die nicht von socialem Geist erfüllt ist, daher für unsere Zeit, in der die sociale Frage auch die Ethik beherrscht, weniger brauchbar ist. Heute denken wir mehr denn je daran, dass es sich bei der Erziehung der einzelnen Individuen zugleich um das Wohl und Wehe des Ganzen handelt; dass dabei das Individuum nicht zu kurz kommt, dafür sorgt sein eigener ebenso natürlicher als berechtigter Egoismus, und sorgt die Erwägung, dass die Gesamtheit sich nur dann wohl befindet, wenn auch der Einzelne in ihr seine Rechnung gefunden hat. Nur wenn der Einzelne als lebendiges Glied im Organismus des Ganzen förderlich wirkt, kann er auch sein wahrhaft menschliches Leben voll entfalten, seine Individualität zur Geltung bringen. In der Erfahrung kennen wir den Menschen nur als sociales Wesen, gleichzeitig beherrscht von einem Einzelwillen und von einem Gesamtwillen; dieser letztere ist der frühere; das Kind wird seines individuellen Willens erst allmählich inne und entfaltet sich nur langsam aus seiner Umgebung heraus zur individuellen Persönlichkeit; es individualisiert sich aus einem Zustande socialer Indifferenz heraus, aber nicht um sich dauernd von der Gemeinschaft zu lösen, sondern um sich ihr mit reicher entwickelten Kräften wiederzugeben.[1])

Indessen droht bei Schleiermachers Praxis — nicht so bei seiner Theorie — die Gefahr, dass der einzelne Mensch ganz in der Gesamtheit auf- und untergeht, dass das Ziel der Erziehung ausserhalb des Zöglings in der Gesamtheit der vier sittlichen Lebenssphären gesucht wird, dass die Ausbildung der persönlichen Eigentümlichkeit nicht um des Einzelnen selbst, sondern um des Allgemeinen willen geschieht. Das liegt, wie Rohden richtig erkannt hat, in seiner Philosophie; sie forderte, dass das Einzelne im Allgemeinen aufgehe zum Zweck der Harmonie, der gegensatzlosen Einheit. Immerhin hat er einen sehr wertvollen Beitrag zur Lösung der Frage geliefert, in welchem Verhältnis die individuelle zur socialen Erziehung stehen

---

[1]) Vergl. Wundt. Ethik.

soll: sie sollen sich nicht ausschliessen, sondern in einander greifen. Bei der Erziehung aller Stände soll dem Rechte des Individuums nicht in höherem Masse Rechnung getragen werden, als dem grösseren moralischen Ganzen; die ethisch berechtigten Realitäten des Lebens sind ebenso ins Auge zu fassen wie die Individualität des Einzelnen, der für diese gegebenen sittlichen Gemeinschaftskreise erzogen werden soll. **Jeder sei ein Glied des Ganzen, und doch jeder vollendet in sich!**[1])

Bleibenden Wert für die Pädagogik behalten vor allem Schleiermachers Gedanken über Bedeutung und Ausbildung der Eigentümlichkeit, dies ist von den bisherigen Beurteilern vielfach übersehen worden. Ueberall ist individuelles Gepräge ein unvergleichlicher, unersetzlicher Reiz des Geisteslebens, der niemandem fehlen darf. Es bewahrt vor der Gefahr, dass man nur als Exemplar der Gattung oder einer Menschengruppe erscheint, das sich durch ein anderes vertreten lassen kann. Es giebt einem jeden Einzelnen einen selbständigen, ihm ausschliesslich zukommenden Wert; die Erziehung muss desshalb ihre Ehre darein setzen, das individuelle Leben des Zöglings so characteristisch als möglich auszuprägen. Heute ist es schwieriger denn je, sich eine abgeschlossene Art und eine gesonderte Stellung zu bewahren bei dem zerstreuenden hastigen Leben der Gegenwart, bei der gegenseitigen Abhängigkeit der Menschen, der Zurückstellung der Bildung des Inneren vor den Leistungen und Erfolgen der Aussenwelt, dem schweren Kampf ums Dasein, bei dem Hineinziehen der Einzelnen in grosse Getriebe mit all' den abschleifenden Wirkungen einer technischen Massencultur. Infolge dessen hat sich heute vielfach ein Herdensinn entwickelt, der sich des eigenen Denkens und der eigenen Meinung entschlägt und willenlos dem grossen Zuge nachläuft.

Dem gegenüber gilt es mit Schleiermacher, die wesentlichen inneren Güter im Gegensatz zu den äusseren des Scheins und der Eitelkeit hervorzuheben, mit Ehrfurcht und Achtung alles zu behandeln, was den inneren Menschen angeht, die Güter der Persönlichkeit und des Characters, die Festigkeit der Ueberzeugung, die Treue der Gesinnung, die Wahrhaftigkeit der Bethätigung in sich und andern gross zu ziehen. Das ist aber nur möglich, wenn der Mensch kraft seiner vernünftigen Natur einer unsichtbaren Geisteswelt angehört, mit den Kräften und Ordnungen einer andern Welt sich berührt, in der die Ur-

---

[1]) Ein Wort Dilthey's.

erzeugung der geistigen Güter und der Gedanken erfolgt, die das öffentliche Leben der Menschen weiterführen. Das giebt dem Individuum Kraft, Rückhalt, freie Bewegung und eine besondere Eigentümlichkeit, macht es zum Halt und Vorbild für viele.

Wir werden alle als Originale geboren; dass leider so viele als Copie sterben, dass die meisten Menschen den Fabrikstempel an der Stirn tragen, ist nicht Schuld der Natur, sondern eigener und fremder Bildung bzw. Verbildung. —